에스페란토란 무엇인가?
에스페란토 창시자의 일대기

자멘호프의 삶

에드몽 쁘리바 지음
정종휴 옮김
오태영 감수

원서 정보

-제목: 『VIVO DE ZAMENHOF』

-저자: EDMOND PRIVAT

-출판: The Esperanto Publishing Co(영국), 1967년 제5판

자멘호프의 삶

인　　쇄 : 2022년 7월 20일 초판 1쇄
발　　행 : 2022년 8월 16일 초판 4쇄
지은이 : 에드몽 쁘리바(EDMOND PRIVAT)
옮긴이 : 정종휴 / 감수 : 오태영(Mateno)
표지디자인 : 노혜지
교정교열 : 육영애
펴낸이 : 오태영(Mateno)
출판사 : 진달래
신고 번호 : 제25100-2020-000085호
신고 일자 : 2020.10.29
주　　소 : 서울시 구로구 부일로 985, 101호
전　　화 : 02-2688-1561
팩　　스 : 0504-200-1561
이메일 : 5morning@naver.com
인쇄소 : TECH D & P(마포구)

값 : 15,000원
ISBN : 979-11-91643-59-6(03790)

에스페란토란 무엇인가?
에스페란토 창시자의 일대기

자멘호프의 삶

에드몽 쁘리바 지음
정종휴 옮김
오태영 감수

진달래 출판사

번역자(정종휴) 소개

1950년생. 전남대학교 법과대학 졸업, 일본 쿄오토 대학(京都大學) 법학박사.

뮌헨 대학, 프랑크푸르트 대학, 하버드 대학 로스쿨 연구. 큐슈·히토츠바시·케이오·시마네 대학 객원 교수. 한국민사법학회 회장, 한국법사학회 회장, 제14대 주교황청 한국대사 역임.

현재 전남대학교 로스쿨 명예교수, 가톨릭 꽃동네대학교 석좌교수다. 1991년 베네딕토 16세 교황을 만난 이래 대담집 『그래도 로마가 중요하다』(바오로딸, 1994), 대담집 『이땅의 소금』(가톨릭출판사, 2000), 대담집 『하느님과 세상』(성바오로, 2004), 대담집 『세상의 빛』(가톨릭출판사, 2012) 등을 번역했다.

차 례

AVERTO DE L' AŬTORO

Tie ĉi ne kuŝas historio de la lingvo Esperanto, nek rakonto pri la movado esperantista.

La celo estis ja skizo pri la vivo kaj la penso de Ludoviko Zamenhof. La zorgo ne estis tia, ĉu ĝi plaĉos al unu aŭ alia; nur tia, ĉu sufiĉe fidele kaj ame ĝi sekvos la ĝustan veron.

Animo la plej granda, genio la plej pura ŝuldas formon al ĉirkaŭa mondo. Tial, per deveno kaj naskiĝa lando necesis ja komenci. Kion ŝuldas ni al memoro de l' mortinto, ĉiam viva per inspiro, tion kare ni konservas ĉiuj en la koro, kiel lumo.

E. P.

Ĝenevo, julio 1920.

저자의 말

이 책에 쓰인 내용은 에스페란토 언어의 역사도 아니요, 그렇다고 에스페란티스토 운동 이야기도 아니다.

목적은 루도비코 라자로 자멘호프의 생애와 사상을 간결히 묘사하는 데 있다. 염려스러운 점은 이 묘사가 독자의 마음에 들지 어떨지 보다는 어느 만큼 충실하게 진실을 전달할 수 있느냐는 것이다.

가장 위대한 정신과 지극히 순수한 천재성은 주위 환경으로부터 많은 영향을 받는 법이다. 그러기에 혈통과 출생지 등 좀 더 근원적인 것으로부터 이야기를 시작할 필요가 있다. 고인에 대한 추억은 우리의 영감 속에 항상 생생하다. 모두가 그것을 빛처럼 마음속 깊이 정겹게 간직하고 있는 까닭이다.

에드몽 쁘리바   스위스 쥬네브에서   1920년 7월에

저자 소개 : 1889년 스위스에서 탄생. 쥬네브 대학교수, 역사학자.

14세에 에스페란토를 배워 1905년 제1회 에스페란토 세계대회에 참석했으며, 호들러(H. Hodler)와 공동으로 「젊은 에스페란티스토(Juna Esperantisto)」를 창간(創刊)했다.

1920년부터 1924년까지 세계 에스페란토협회 기관지 「에스페란토(ESPERANTO)」를 편집. 1923년 ICK 회장, 1925년 세계 에스페란토협회장, 2차대전 후에는 세계연맹(UL) 회장을 역임한 유명한 미문가(美文家)·웅변가(雄辯家)이며 저작도 많다.

주저(主著)로는 『Vivo de ZAMENHOF(자멘호프의 삶)』, 『Vivo de Gandhi(간디의 삶)』, 『Historio de la lingvo Esperanto(에스페란토의 역사)』를 들 수 있으며, 청년 시절에 쓴 『카를로(Karlo)』는 초중등독본으로 세계 곳곳에 널리 애독되고 있다. 1962년 작고.

ĈAPITRO I. La Gentoj en Litva lando

Meze inter Oriento kaj Okcidento kuŝas Litva lando,
kantita de Mickievĉ en _Sinjoro Tadeo_:

Litvo! Patrujo mia! simila al sano,
Vian grandan valoron ekkonas litvano,
Vin perdinte. Belecon vian mi admiras,
Vidas ĝin kaj priskribas, ĉar mi hejmosopiras ...
Al montetoj arbaraj, herbejoj verdantaj,
Larĝe apud lazura Njemen tiriĝantaj ...[1]

Sur tiu dolĉa tero vivas jam de miljaroj unu el plej
malnovaj gentoj de l' aria mondo. En norda parto
paroliĝas ankoraŭ antikva lingvo litova, proksima je
sanskrita. En puraj moroj kaj popolaj kantoj iel regas
atmosfero mistera kun influoj el Hindujo pratempa.

Longe vivadis en paco tiu gento trankvila, de
Kristanismo netuŝita ĝis dek-tria centjaro. De l' cetera
mondo forkaŝita per marĉoj kaj per densaj arbaregoj,
kie kuras ĝis nun sovaĝaj urbovoj, la popolo daŭris
adori la fortojn de l' naturo sub gigantaj kverkoj,
vivanta templo de la dioj.

---

[1] Sinjoro Tadeo_, traduko de Grabowski, kies diferencigo inter
Litvano kaj Litovo estas akceptita tie ĉi. La sendependa pola
Respubliko konsistis el du ĉefaj partoj: Pola krono kaj Litvo.
Ne ĉiuj Litvanoj estas Litovoj, t.e. anoj de la litova gento.

Tie tamen ekbatalis okcidenta volo kun orienta pacienco. En Mezaĝo teŭtonaj kavaliroj tiun landon almilitis, polaj nobeloj ĝin ligis al sia ŝtato, moskova caro ĝin atakis. Dume alkuradis el tuta mondo persekutataj Hebreoj por starigi manlaboron kaj komercon laŭ invito reĝa. Tiel alia gento tre maljuna trovis tie novan Palestinon kaj fondis urbojn aŭ plenigis ilin.

Kun si ĝi enportis industrion kaj negocon, sed ankaŭ sian lingvon german-judan, propran kredon kaj Sabaton, eĉ apartajn vestojn. Ekstere montris la Hebreoj heredan timemon pro kutimaj batoj, interne la fieran fidelecon al profetaj tradicioj:

Aŭskultu min, vi, kiuj konas la veron,
    Popolo, havanta mian instruon en koro:
Ne timu ofendon de homoj,
    Ne tremu antaŭ insultoj.

Leviĝu, leviĝu, vin vestu per forto,
    Ho brako de l' Eternulo;
Leviĝu, kiel en tempoj antikvaj,
    Ĉu ne vi dishakis Fierulon?
Ĉu ne vi sekigis la maron?[2]
Kiam disfalis litvo-pola Respubliko je l' fino de l' centjaro dek-oka, preskaŭ tuta litva nobelaro de longe

---

2) Jesaja LI, 7, 9, 10.

jam forlasis la prapatran lingvon kaj fariĝis pola kore kaj parole. Litovan lingvon daŭris uzi vilaĝanoj en la nordo, blankrutenan tiuj en la sudo. Pola sonis en kasteloj, en preĝejoj katolikaj, en la Vilnaj altlernejoj, kaj en domoj societaj. En urboj, eĉ Germanoj havis propran kolonion kaj kvartalon, sed, en stratoj de l'komerco, juda lingvo sonis ĉefe. Super tiu diverseco pezigis ursan manon rusa Imperio dum tuta centjaro dek-naŭa. En ĉiuj urboj amasiĝis armeo da soldatoj, oficiroj, oficistoj rusaj ĉiugradaj. En palaco loĝis rusa guberniestro. Sur ĉefa placo brilis oraj turoj de rusa preĝejo.

Dufoje provis Poloj kaj Litvanoj forskui fremdan premon per armiloj. En 1831 kaj 1863 tra tuta mondo sonis la sanga plendo de l' heroaj ribelantoj. Ambaŭfoje sur la landon refalis despli peze la venĝa krueleco de l' venkinto. Eĉ lingvo rusa jam trudiĝis devige en lernejoj.

Kiam estis sesjara knabeto Zamenhof en urbo Bjalistok, ĵus finiĝis dua revolucio kaj postlasis ĉie sangon, larmojn, akrajn sentojn. Por disceligi la koleron de l' popolo, klopodis rusa registaro perfide ĵeti gentojn kontraŭ unu la aliaj. "_Divide ut imperes_" fariĝis oficiala sistemo. Tia incitado estis tiom pli facila, ke ĉiu gento jam vivadis tre aparte de l' ceteraj.

Ankaŭ per kondiĉoj materiaj, la registaro pliakrigis la naciajn diferencojn. Lerta leĝo liberigis vilaĝanojn de sklaveco al termastroj, sed samtempe lasis ilin sen ia propra kampo. Tial ili devis tamen pagi luon per laboro sia, kaj barakti pli ĵaluze kun la riĉaj posedantoj. Ĉar la mastroj estis polaj, dum litovaj aŭ blankrusaj restis ĉiuj kamparanoj, gentajn sentojn jam venenis la disputo.

Pli malfrue renaskiĝis en la lando movado nacia de Litovoj, kies literaturo kaj aparta patriotismo refloris kun fervoro. Tion baldaŭ persekutis Rusoj kaj malŝatis Poloj, pro suspekto kaj ĵaluzo. Pli diabla ruzo estis cara politiko rilate al Hebreoj.

Ilin oni pelis okcidenten el diversaj partoj de Ruslando, per ĉiaj leĝoj kaj reguloj, kun la celo superŝuti polajn urbojn kaj malfortigi reziston. Kiel ŝafaro forvipita, miloj da Hebreoj malfeliĉaj enloĝadis en Polujon ĉiujare. Edukitaj ruse, fremdaj al kutimo kaj al lingvo de la lando, komercemaj, baraktemaj por ne morti pro malsato, ili estis ĉiel abomenataj de la pola societo kvazaŭ grava malhelpaĵo al defendo kontraŭ Rusoj.

Ĉe premataj nacioj suferado konstanta naskas ofte plej potencan sopiregon de la penso, kvazaŭ inspiro ĉiela. Litva pola poeto Mickieviĉ, el Vilno forpelita de la rusa registaro, sonigis tra Eŭropo genian alvokon al

sanktiĝo de sia popolo por savi ĉiujn gentojn de l'
mondo. Eĉ antaŭ lia renkonto mistera kun mistikulo
Tovianski, li jam predikis al Poloj plenan mesianismon.
Kiel Kristo krucumita pro la kulpoj homaj, tiel Polujo
disŝirita punpagis la pekojn de l' ŝtatoj. Sed estis
ankaŭ por ĝi sononta la horo de korpa renaskiĝo, kaj
tiam ekregos paco sur tero:

Kiel Kristo ja venkis la tombon,
    tiel ankaŭ Polujo revivos,
por savi popolojn kaj Ligon
    ilian sigeli por daŭra justeco.[3]

Ĉe polaj rondoj en litvaj urboj revarmiĝis la koroj per
espero tia. Dume ĉe Hebreoj, aparte loĝantaj, ankaŭ
sentiĝis revado mesiana. Kiu de l' ekstera mondo
ricevas nur malŝaton, rebaton kaj doloron, tiu serĉas
en si mem ian ĝojon por spirito kaj al si kreas
propran vivadon internan.

Tiel disvastiĝis inter judaj rondoj, en Polujo kaj apude,
sopirado je patrujo palestina kaj je fina regrupiĝo de
l' Mosea familio sur la tero promesita. Ankaŭ regis
inter ili fido senŝancela je rolo sankta de l' Hebreoj,
popolo de Dio elektita kaj per sufero preparita al
granda tasko nekonata. Tion anoncis jam profetoj de

---

3) El _Libro de l' Polaj Pilgrimantoj_, de Adamo Mickieviĉ,
nacia poeto, mortinta en 1855.

l' antikva tempo, kaj premitaj koroj ja rajtas esperi:

Ĝoju kun Jerusalem,
    Kaj estu gajaj pri ĝi ...

Jen Mi fluigos sur ĝin
    Pacon kiel riveron,
Kaj la riĉaĵon de l' popoloj ...

Venis la tempo
    Kolekti ĉiujn gentojn kaj popolojn,
Ke ili venu kaj vidu Mian gloron.[4]

En atmosfero pensa flugadis do la grandaj inspiroj mesianaj, kaj ili semiĝis en spiritojn. Sur tia tero de l' akra sopirado genioj kreskas plej favore, sed plejparte ja perdiĝas la semoj en sablo, ĉar amaso ne komprenas plej altan sencon de l'inspiroj. Nur nacian flankon la popoloj vidas klare.

Al simpla reĝa kandidato la Hebreoj malaltigis Kriston liatempe.
Nur pri pola ŝtato pensis Poloj, kaj ekmiris kiam frate parolis Mickievič al Rusoj. Pri lia homarama spirito el hindo-litovaj prapatroj ili restis preskaŭ blindaj.
En Eŭropo dispafadis militoj pro naciaj celoj: por itala liberigo, por unueco germana. Popolojn premis en

---

4) Jesaja LXVI, 10, 12, 18.

Kaŭkazo kaj subtenis en Balkano rusa caro. Lin batis imperiestro franca, kaj tiun venkis prusa reĝo. Lastan ribelon de l' Poloj per sango subakvigis rusaj generaloj. Ĉie progresadis tekniko milita kaj akriĝis incitoj naciaj, sed en Okcidento la gentojn dividas ja limoj naturaj, dum en Oriento vivas ili miksite.

Sur litva tero kvar gentoj malsamaj loĝadis en urboj, kun celoj kontraŭaj, kun lingvoj diversaj, kun kredoj malamikaj. De strato al strato ja regis malfido, suspekto, sur placoj ofendo ĉiutaga, venĝemo, persekuto kaj malamo. Sur tiu tero malfeliĉa naskiĝis Zamenhof. En kiu loko pli nature elkreskus tia geniulo, kies vido pli profunden trapenetris, kaj pli alten superflugis trans naciaj egoismoj al pure homa mondrigardo?

제1장. 리투아니아의 여러 민족

동방과 서방의 중간에 자리 잡은 리투아니아!5) 판 타데우시(Pan Tadeusz)에서 시인 미츠키에비츠가 노래하기를,

병고(病苦) 중에야 우리는 건강의 귀함을 온전히 깨닫나니
리투아니아, 내 조국이여, 그대를 잃기까지는
그대의 위대함을 몰랐노라.
고향을 애타게 그리워하기에
나는 그대의 아름다움을 찬미하고, 보고, 또 그리워하노라.
남빛 니에멘 강가에 도도히 펼쳐진
푸른 목장, 수목 우거진 동산 곁으로…

아리안 세계의 가장 오래된 한 민족이 수천 년 동안 이 풍요한 땅에서 살아왔다. 산스크리트어에 유사한 고대 리투아니아 언어가 북쪽에서 아직도 사용되고, 태고(太古)의 인도를 연상시키는 것 같은 영향과 함께 신비로운 정령(精靈)이 이 땅의 고유한 풍속과 민요에 널리 깃들여 있다.

이 온유한 민족은 13세기까지 그리스도교와 접하지 않고 오랫동안 화평하게 살고 있었다. 들소가 아직도 자유로이 돌아다니는 울창한 밀림과 소택지(沼澤地)에 의해 외계에 감추어진 채, 사람들은 떡갈나무와 흥성한 신전 아래서 대자연의 위력을 경배해 오고 있었다.

그런데 서방의 의지와 동방의 인내가 이 땅에서 맞부딪치기 시작하였다. 중세기에는 튜턴족의 기사들이 이 나라를 정복했고, 폴란드

---

5) 리투아니아 공화국 줄여서 리투아니아는 북유럽에 있는 공화국이다. 수도는 빌뉴스다. 동쪽과 남쪽은 벨라루스, 서쪽은 발트 해, 남서쪽은 러시아와 폴란드, 북쪽은 라트비아에 닿아 있다. 발트 3국 국가 중에서는 인구와 영토가 가장 많고 넓다.

귀족은 그들의 왕국에 예속시켰으며, 러시아 차르가 침략했다. 그러는 동안에 유대인이 나라의 인허(認許)로 세계 곳곳에서 들어와 수공업과 상업을 일으키고 있었다. 그리하여 이 또 다른 고대 민족은 이 땅에서 새로운 팔레스타인을 발견, 도시를 건설하고 그곳으로 모여들었다.

그들은 산업과 상업을 들여왔으며, 또한 이디쉬(german-juda) 언어와 그들의 신앙과 안식일, 그리고 독특한 의상까지도 들여왔다. 유대인은 습관적으로 박해를 받아온 까닭에 표면으로는 천성적인 두려움을 나타내지만, 내심으로는 그들의 예언적인 전설을 자랑스럽게 신봉하고 있었다.

의를 아는 자들아,
마음에 내 율법이 있는 백성들아,
너희는 나를 듣고 사람의 훼방을 두려워 말라
사람의 비방에 놀라지 말라
여호와의 팔이여
깨소서, 깨소서, 능력을 베푸소서.
옛날 옛적에 깨신 것같이 하소서
라합을 저미신 이가 어찌 주가 아니시며
넓은 바다 깊은 물을 말리신 이가
어찌 주가 아니시니까
〈이사야서 51장 7, 9, 10절 〉

18세기 말 리투아니아·폴란드공화국이 분리되었을 때는, 거의 모든 리투아니아 귀족은 벌써 오래전에 조상 전래의 언어를 버리고 마음도 언어도 모두 폴란드 사람이 되어 있었다. 북쪽의 시골 사람들은 아직 리투아니아어를, 그리고 남쪽에서는 백루테니아어를 사용하고 있었다. 성(城)이나 성당, 또 빌나의 고등학교, 그리고 상류 가정에서

만은 폴란드어가 사용되고 있었다. 독일인도 읍내에 독자적인 거류지를 가지고 있었지만, 상가에서 주로 쓰이는 언어는 이디시어였다. 러시아는 19세기 내내 이 어지러운 나라를 그의 육중한 곰의 발로 짓밟고 있었다. 도시란 도시는 어디를 가나 러시아 병정과 장교, 그리고 여러 계층의 관리가 득실거렸다. 러시아의 총독이 궁에 주재하고 있을 때 폴란드인과 리투아니아인은 두 번이나 무기를 들고 외국의 속박을 벗어나 보려고 안간힘을 썼다. 1831년과 1863년, 영웅적인 저항자의 처절한 피의 절규가 온 세계에 메아리쳤다. 그럴 때마다 정복자의 잔인한 보복은 더욱 무섭게 이 땅에 다시 떨어졌다. 학교에서는 러시아 말이 강요되었다.

비알리스토크에서 자멘호프가 여섯 살 난 소년이었을 때, 두 번째 반란은 이제 막 종식을 고하고 피와 눈물과 차가운 적대의식이 사방에 얼룩져 있었다. 민중의 반발을 딴 데로 돌리기 위해, 러시아 정부는 여러 민족을 서로 반목케 하려 했으며 Divide ut inperes(분할통치) 하는 것이 공식체제가 되었다. 민족 간의 일상생활이 크게 달랐기 때문에 선동은 그만큼 더 쉬웠다. 물질 조건을 통해서도 정부는 민족 간의 분열을 더욱 격화시켰다. 간교한 법률로 마을 사람을 노예 상태에서 해방시켰지만, 동시에 그들에게는 어떠한 사유지도 갖게 하지 않았다. 그래서 마을 주민은 자신의 노동으로 지대(地代)를 지급해야 했고, 부유한 지주들과 더욱 뜨겁게 다투지 않으면 안 되었다. 주인이 폴란드인이지만 농부는 리투아니아인이거나 백러시아인이었기 때문에 언쟁이 벌어지면 곧바로 민족 감정의 대립으로 번져 갔다.

뒤늦게 이 나라에서는 리투아니아 민족운동이 부활하여 그 문학과 특이한 애국심이 열렬히 활기를 띠게 되었다. 그러나 이것은 의심과 질투 때문에 러시아인으로부터 박해를 받았고 폴란드인에게서는 미움을 받았다. 유대인에 대한 차르의 정책은 더욱더 악마적인 간교에 차 있었다. 러시아는 갖가지 종류의 법률과 규제로 유대인을 러시아 곳곳에서 서쪽으로 내쫓았다. 러시아의 목적은 폴란드의 여러 도시로 유대인이 흘러 들어가도록 하여 그곳의 저항을 약화하자는 것이었다. 몰리는 양처럼 수천의 불행한 유대인이 매년 폴란드에 정착했다. 러시아식으로 교육받았기 때문에 이 나라의 풍습과 언어에 낯설었고, 또한 상술에 열심히 하여 굶어 죽지 않으려고 애를 쓰는 그들은 폴란드인 사회에서는 러시아인을 막는 데 심각한 장애나 되는 것처럼 철저한 증오의 대상이 되었다.

피압박 민족에게는 끊임없는 수난으로 인하여 하늘로부터 온 영감이 기나 한 듯이 이념에 강한 열망이 일어나는 수가 많다. 러시아 정부에 의해 코브나에서 쫓겨 나온 폴란드계 리투아니아인 시인 미츠키에비츠는 세계의 모든 민족을 구하기 위해 자국 민중이 신성하게 되어야 한다는 천재적인 호소를 유럽 전역에 불러일으켰다. 신비가 토비안스키와의 불가사의한 상봉에 앞서 미츠키에비츠는 이미 완벽한 구세 신앙을 폴란드인에게 설교하고 있었다. 인간의 죄를 위해 십자가에 못 박힌 그리스도처럼 폴란드도 타민족들의 죗값을 분할로 보속(補贖)했다. 그러나 이 나라에서도 육체적 부활의 시기가 타종(打鐘) 되려 하고 있었으니 평화가 이 땅에 깃들기 시작하리라.

그리스도가 죽음을 극복하였던 것처럼
폴란드도 소생할 것인저,
민중을 구하고 그들의 맹약을
영원한 정의로 보증하리라.6)

리투아니아 도시에 있는 폴란드인의 모임에서는 다시 이와 같은 희망으로 가슴이 뜨거워졌다. 한편 떨어져 사는 유대인도 구세 신앙의 꿈을 느끼고 있었다. 외부 세계로부터는 오로지 미움과 시달림과 고

---

6) 아담 미츠키에비츠 작 〈순례하는 폴란드인들〉에서. 작자는 폴란드 민족시인으로 1855년 사망.

통만을 받은 자가 안으로는 무엇인가 정신의 기쁨을 구하고 자기 자신만의 내밀한 생활을 창조하는 법이다.

그리하여 폴란드와 그 주변의 유대인 사이에서는 팔레스타인의 조국과 약속된 땅에서 모세의 가문이 마침내 재상봉하리라는 동경이 번져 갔다. 또한 신의 선민이며 미지의 위대한 과업으로 고난이 예비된 유대 민족의 신성한 역할에 대한 굳건한 믿음이 그들 사이에 팽배해 있었다. 옛 선지자들이 그것을 예언하였고 수난당하는 정신도 진실로 희망을 품을 수 있는 권리가 있다는 것이다.

예루살렘을 사랑하는 자여,
다 그와 함께 기뻐하라, 다 그와 함께 즐거워하라…
보라 내가 그에게 평화를 강물같이
그에게 열방의 영광을 넘치는 시내같이 주리니…
때가 이르면 열방의 열족을 모으리니
그들이 와서 나의 영광을 볼 것이며….
〈이사야서 제66장 제10, 12, 18절〉

위대한 구세 사상은 이렇듯 사념(思念)의 분위기를 통하여 전달되었고 사람의 혼 속에 뿌리를 내렸다. 천재는 쓰라린 동경의 토양 속에서 가장 잘 성장하는 법이다. 그러나 민중은 영묘한 사상의 지고한 뜻을 이해하지 못하기에, 종자의 대부분이 모래밭 속에서 발아되지 못한 채 스러지고 만다. 민중에게 뚜렷이 보이는 것은 다만 민족적인 면뿐이다.

유대인은 그리스도를 당시 기껏해야 왕좌의 후보로 격하했다. 폴란드인은 오로지 폴란드인만을 생각하고 있었는데 미츠키에비츠가 러시아인을 형제로 대하자 깜짝 놀랐다. 폴란드인은 그가 온 인류를 인도·리투아니아적 정신으로 사랑한다는 사실을 거의 모르고 있었다.

유럽에서는 국가적인 목적으로 전쟁이 쉴 새가 없었다. 이탈리아 해방과 독일의 통일을 위해서, 차르는 코카서스 지방을 압박하면서 발칸반도를 지원했다. 프랑스 황제가 차르를 쳤지만, 이번에는 프로이센 왕이 그 황제를 이겼다. 폴란드인의 최후 반란은 러시아 장군들에 의해 피로 물들여졌다. 전쟁 기술이 곳곳에서 진보되어서 민족주의적 갈등이 더욱 심각해졌다.

서방은 자연의 경계로 민족이 분할되어 있지만, 동방에서는 함께 뒤섞여 생활하고 있었다. 서로 다른 네 민족이 상반된 목적과 다른 언어와 대적한 신앙을 가지고 리투아니아 땅에서 살고 있었다. 거리마다 불신과 의혹이 횡횡하고, 광장에서는 매일 같이 시비가 일어났으며, 복수와 박해와 증오가 들끓고 있었다. 이 불행한 나라에서 자멘호프는 태어났다. 그러나 민족적 이기주의를 넘어서서 순수한 인간적인 세계관에 이르는, 한층 깊은 통찰과 식견을 가졌던 이 천재의 자연스러운 성장을 위해 이보다 더 적합한 곳이 또 어디에 있을 것인가.

ĈAPITRO II. Infano en Bjalistok

De la patrino la koro, de la patro la cerbo, de la loko la impreso: jen tri ĉefaj elementoj en la formado de Zamenhofa genio.

Konscienca pedagogo estis la patro Markus Zamenhof, naskita de hebreaj gepatroj la 27. de januaro 1837 en Tikocin, ĉe landlimo inter pola kaj litva landoj, tiam regataj de rusa caro. Dudekjara junulo, li fondis lernejon en urbo najbara Bjalistok, kaj edziĝis kun filino de hebrea komercisto tie, Rozalja Sofer, naskita en 1839. Ne multaj estis la lernantoj, kaj neriĉa la paro.

La 15. de decembro 1859 naskiĝis Ludoviko Lazaro, la unua filo.
Kvar aliaj kaj tri filinoj poste venis. Ĝojo granda, sed zorgo peza. Baldaŭ oficialan postenon akceptis la patro: ĉe mezaj ŝtatlernejoj li fariĝis instruisto de geografio kaj modernaj lingvoj. En 1873 li transloĝis al Varsovio kun la tuta familio, kaj de tiam instruis la germanan lingvon ĉe Veterinara Instituto kaj Reala Gimnazio.

Grandiĝis la infanaro kaj estis nesufiĉa la salajro. La hejmo devis malfermiĝi al dek kvin ĝis dudek pensionanoj. Eĉ tio ne tro helpis. Baldaŭ vidis la gefiletoj, ke la patro jam aldonis novan laboron al sia kutima korektado de knabaj skribaĵoj: akceptinte plian cenzuran oficon, li ĉiuvespere sub la lampo malligis dikan amason da fremdaj gazetoj, kaj, prenante ruĝan krajonon en la mano, tralegadis ĵurnalon post ĵurnalo. Tian plian oficon oni komisiis al li pro lia rimarkinda kono de fremdaj lingvoj; sed la pedagoga tasko pli taŭgis laŭ lia naturo. Pri geografio li publikigis en la rusa lingvo tre praktikajn lernolibrojn.

Per ĉiutaga senripoza penado sukcesis la gepatroj havigi al siaj infanoj plenan edukadon en gimnazio kaj universitato. Tri fariĝis iam kuracistoj, kaj unu farmaciisto.

Saĝa kaj severa estis la patro, viro skeptika je revoj, sed obstina je laboro. Religian kredon li havis nur unu solan, nome la plej fidelan akuratecon al devo ĉiutaga.

Dolĉan anĝelan naturon havis la patrino. Bonkora, sentema kaj ĉiel modesta, ŝi tutkore sindonis al siaj infanoj kaj al sia mastrumado. Blinde fidema je la saĝo kaj justeco de l' edzo, ŝi tamen klopodis por moligi liajn juĝojn en okazo de puno.

Kiam eliris el patra skriboĉambro malfeliĉa kulpuleto, li preskaŭ ĉiam renkontis survoje, kvazaŭ hazarde, la patrinon pretan por lin ankaŭ "severe" admoni, dum ŝi glatis lian kapeton kun larmoj en okuloj. "Plej certe ŝia kispuno pli efikis, ol la mano de l' patro", skribis unu el fratoj de Ludoviko multjarojn poste. "Kiam unu el ili restis sen tagmanĝo laŭ ordono patra, nevidebla anĝelozorganto sendis al li porcion pere de maljuna kuiristino, dum la posttagmeza dormeto de l' familiestro, kaj ĉiam kompreneble nur hodiaŭ por la lasta fojo".[7]

Sed ne al Ludoviko, nur al liaj petolemaj gefratetoj okazis tiaj aventuroj, ĉar lin respektis lia patro kaj la tuta familio, kvazaŭ plenaĝulon. Saĝa, modesta, pensema, studema, neniam laŭta, kvankam obstineta, li ĉiam evitis suferigi iun ajn. Ĉe klaso li jam aperigis kleron neordinaran kaj talenton por verkado. Instruantoj admiris lin. Amikoj nomis lin "barono", pro lia trankvila sintenado kaj ĝentilaj manieroj. Tamen tute ne superulo malridema li sin montris en la hejmo kaj lernejo. Pala kaj malforta li estis ja kiel infaneto, sed jam vigla kaj ĝojema knabo li fariĝis, bonega aranĝisto de festetoj kaj ekskursoj.

Kiel ĉefon kaj animon de l' amuzoj, lin ĉirkaŭis gefratetoj aŭ kolegoj. Li plej ŝatis la dancadon, sed por problemoj malfacilaj de lerneja tasko li estis ankaŭ tre helpema konsilanto.

---

7) El privata letero de Feliks Zamenhof.

De sia patrino li heredis la senteman bonkorecon, kaj ŝin li adoris, kvazaŭ dian anĝelinon. Ofte malsanan, li ŝin flegis kun zorgemo kortuŝanta, kaj ĉiujn deziretojn ŝiajn li antaŭplenumis delikate. Lin la patrino kompreneble jam rigardis frue kiel trezoron la plej karan. Ŝi amis lin kiel okulpupilon, kaj en la tuta mondo ekzistis laŭ ŝi neniu ajn pli bona.

Kredeble prave. Kio staras super amo patrina? Tra doloroj senŝancela, komprenema kaj fidela, ĝi sin donas, kaj donas ĝis morto ... kaj poste ĝi helpas ankoraŭ.

Similaj amoj inter filo kaj patrino ĉe multaj geniuloj estas ofte rimarkeblaj. Pope, Musset, Lamartine adoris la patrinon sian, kaj al ŝi tre multon ŝuldis. Same Zamenhof. Ŝi faris lin idealisto, kaj fidis grandecon lian kun espero konstanta. Pie ŝi gardis tiun flamon, kvazaŭ lumbrileton de lampo sankta. Simpla virino ŝi estis, kaj tial lin edukis, ke ĉiuj homoj estas fratoj kaj egalaj antaŭ Dio.

Saĝa patro lin revokis al realo for de l' revoj. La knabo ja vidis la faktojn ĉirkaŭ si en stratoj Bjalistokaj:

Preter la fenestroj de la ligna domo Zamenhofa, sur la strato Verda, pasis aro da Hebreoj kun la tipaj longaj barboj ... Al vizaĝoj jen celtrafas neĝaj kugloj en pafado. Frapon sub okulo.

Sangas vango. Plendas maljunulo ... "Ne bleku, judaĉoj! hundoj!" krias knaboj el kristana gento, kaj diskuras for, mokante judan lingvon nekonatan: "Hra, hre, hri, hro, hru." Tion ridas kaj aplaŭdas rusa leŭtenanto: "Formarŝu de l' trotuaro, vi, raso de ŝtelistoj! ..." kaj kraĉas oficiro pro malŝato.

Sur vendoplaco moviĝas la popolamaso. Bruadas paŝoj kaj paroloj en zumado laŭta. Brilas koloroj inter korboj kaj legomoj: verdaj ŝaloj de virinoj el kamparo litva, ŝafaj peltoj, grizaj vestoj de soldatoj, manteloj kamelharaj, bluaj uniformoj de la rusaj oficistoj, blankaj zonoj, ruĝaj kolumoj, oraj agloj, arĝentaj ornamaĵoj ... Disputas vendistinoj kun germana marĉandulo.
Alkuras homoj. Ariĝas videmuloj. Ĝendarmoj intervenas. Jen plendas la virinoj en dialekto litva. Policanoj ne komprenas.
"Ruse parolu!" minacas la oficiro, "nur ruse, ne lingvaĉe! ĉi tie estas rusa lando! ..." Protestas Polo el amaso ... Kie?
... Jen la viro. Jam lin kaptas la ĝendarmoj. Tremas ĉeestantoj, eĉ nevole. Inter tranĉaj bajonetoj li formarŝas, arestite. Silentas vilaĝanoj. Per saluto ĉiuj Poloj honoras la martiron, sed Germanoj kaj Hebreoj ne forprenas sian ĉapon. "Jam li ĉesos nin insulti", murmuras longbarbulo. Kolero fajras en okuloj polaj, mokemo en la rusaj.

Kion scias tiuj homoj unuj pri l' aliaj? Ke ankaŭ ili havas koron, konas ĝojon kaj doloron, amas hejmon kun edzino kaj infanoj? Eĉ penso tia ne okazas. Ekzistas nur Hebreoj, Rusoj, Poloj, Germanoj ... ne homoj, sole gentoj. En sia domo ĉiu akceptas nur samgentanojn. Kun malbeno de l' gepatroj forpeliĝas el la hejmo pola junulino, se al Ruso ŝi promesis fidon. Pri Litovoj oni ridas: "Estas ja nur vilaĝanoj!" Ilia poezio kaj nacia revekiĝo? Laŭ Poloj "intrigo rusa", laŭ Rusoj "germana pagitaĵo". Eĉ ion pli neniu scias pro lingvo malfacila. Pri Hebreoj rakontiĝas strangaj misteraĵoj ĉe vespera babilado inter slavaj flikistinoj. "Malaperis bubo du tagojn antaŭ juda Pasko. Sur la pordo sinagoga vidiĝas makuleto ruĝa sub skribaĵo nelegebla. Kiu povas ja kompreni la hebrean literaĉon?

Terure ĝi aspektas ... Ankaŭ strange ŝajnis la rigardoj de l' amaso juda sur ŝtuparo de la sinagogo. Ĉu Hebreoj ne mortigus bubojn por havigi sangon laŭ kaŝita rito? Por ili la panisto kuiras kukojn ja misterajn ..." Tiel kuras murmurado.

Poste bubo retroviĝas, sed vastiĝis jam la famo kaj efikis en spiritoj.

Pri tiaj kalumnioj indignis jam knabeto Zamenhof en Bjalistok.

Kion fari, por ke homoj ne eraru tiel abomene? El tiaj kredoj kaj incitoj rezultas iam veraj katastrofoj.

제2장. 비알리스토크의 소년

어머니의 성품과 아버지의 두뇌와 마을의 환경, 이 세 가지가 라자로 루도비코 자멘호프를 천재로 만드는 데 주요한 요소가 되어 주었다. 아버지 마르쿠스 자멘호프는 양심적인 교육자였다. 1837년 1월 27일에 당시 차르의 지배하에 있던 폴란드와 리투아니아 사이 국경 지방인 티코친에서 유대인을 양친으로 하여 태어난 마르쿠스는 약관 20세에 이웃 도시 비알리스토크8)에 학교를 세웠고, 그곳에서 유대인 상인의 딸 로잘린 소펠과 결혼했다. 학생 수는 많지 않았고 따라서 부부는 가난했다.

1859년 12월 15일 첫아들 라자로가 태어났다. 이어서 네 아들과 네 딸이 태어났다. 부모의 기쁨은 컸으나 그만큼 부담도 무거웠다. 마르쿠스는 곧 공직을 얻어서 공립중학교에서 지리와 근대어를 가르쳤다. 1873년 12월에 그는 가족을 이끌고 바르샤바로 이사했고, 그곳의 실과중학과 사설 학원 두 곳에서 독일어를 가르쳤다.

어린애들은 커가고 봉급은 넉넉지 못했다. 할 수 없이 집에서 15명이나 20명가량 하숙을 쳤으나 그것도 큰 도움이 되는 것은 아니었다. 애들은 얼마 안 가서 그들의 아버지가 학생들의 연습 문제를 첨삭해 주는 평소의 일 말고도 새로운 일거리를 더 해가는 것을 알았다. 아버지는 신문 검열 일을 맡고 있었다. 저녁마다 그는 램프 밑에서 커다란 외국 신문 뭉텅이를 풀어놓고, 붉은 색연필을 손에 쥐고서 신문을 한장 한장 읽어 나가곤 했다. 아버지는 특출한 외국어 실력을 지녔기에 그 일을 얻을 수 있었다. 그러나 그의 성격에는 가르치는 일이 더 적합하였다. 그는 러시아어로 매우 훌륭한 지리 교과서를 몇 권 내기도 했다.

---

8) 폴란드 북동부에 있는 도시로 포들라스키에주의 주도(主都)이다. 국제어 에스페란토의 창안자 자멘호프가 태어나 소년기를 보낸 곳으로 잘 알려져 있다.

끊임없는 노고로 부모는 드디어 애들에게 국민학교부터 대학까지 교육을 마치게 할 수 있었다. 결국, 네 명은 의사가 되었고, 하나는 약사가 되었다.

현명하고도 준엄했던 아버지는 공상적인 것에는 회의적이었으나 일에 대해서만큼은 철저한 성격의 소유자였다. 그의 신조는 나날의 임무를 정확히 수행하는 성실성이었다.

어머니의 성품은 천사처럼 온화하였다. 친절하고 부드럽고 어디서나 겸손한 그녀는 자신의 몸과 마음을 오직 어린애들과 집안일에 쏟았다. 그녀는 남편의 지혜와 정의에는 무조건 순종하였으나, 다만 아이들을 벌주는 일에 대해서만은 남편의 마음을 돌리려고 무척 애썼다. 아이들이 벌을 받고 서럽게 아버지의 서재에서 나올 때면, 꼭 어머니와 마주치곤 했는데 어머니는 곧 '엄하게' 꾸짖을 것 같으면서도 정작 눈물을 글썽이며 아이들의 조그만 머리를 쓰다듬어 주었다. 그래서 수년 후에 루도비코의 동생 하나는 "어머니가 키스로 주는 벌은 아버지의 때리는 벌보다도 훨씬 더 효과적이었다" 라고 술회했다. "형제 중 하나가 아버지의 분부에 따라 점심을 못 먹게 되었을 때면 보이지 않는 수호천사가, 아버지가 식후 주무시는 틈을 타서 늙은 하녀 편에 구원의 손길을 보내 주셨다. 물론 그때마다 항상 '꼭 이번만이다'라는 말씀이 따르기는 하였지만."

그러나 이러한 모험들이 루도비코에게 일어나는 것은 아니었고, 그의 장난꾸러기 동생들에게만 국한된 일이었다. 그것은 그의 아버지나 가족 모두 그를 어른처럼 대우해 준 덕분이었다. 루도비코는 조금 고집을 내세우는 편이긴 했지만 현명하고 겸손하고 생각이 깊었으며, 신중하고 언성을 높이지 않아 다른 사람에게 걱정을 끼치는 법이 없었다. 학교에서는 벌써 뛰어난 학력과 놀라운 글재주를 나타내기 시작했다. 선생들은 감탄했고, 급우들은 그의 침착한 행동과 예절 바른 거동 때문에 그를 '남작 선생'이라 불렀다. 그렇다고 해서 집에서나 학교에서 얼굴이나 찡그리는 도덕군자의 태를 내지는 않았다. 어려서는 창백하고 허약했으나 커감에 따라 명랑하고 활발한 아이가 되었고 모임이나 야유회 같은 데서는 훌륭한 보호 역이 되었다. 오락 놀이에서도 빼놓을 수 없는 인물로, 루도비코는 형제들이나 급우들이 모인 데서 언제나 중심인물이 되었다. 그는 춤도 유달리 좋아했지만, 공부할 때 어려운 문제가 나오면 매우 협력적인 친구 구실을 하기도 했다.

루도비코는 어머니에게서 온유하고 선량한 성품을 물려받았으며, 어머니를 하늘의 천사처럼 흠모해 마지않았다. 이따금 어머니가 아파 누우면 그는 어머니 곁에서 어머니가 하고 싶어 하는 사소한 일까지 미리 알아내어 끔찍하게 보살펴 드렸다. 물론 어머니는 애초부터 그가 자기의 가장 사랑스러운 보배가 될 것을 알고 있었다. 어머니는 그를 눈동자처럼 사랑하였을 뿐 아니라 누구보다도 아꼈다. 아마 그 말이 옳은 것이었으리라. 정말이지 어머니의 사랑보다 더 고귀한 게 어디 있을 것인가. 모성애는 고난 속에서도 흔들리지 않고, 이해성 있으며, 신뢰해 주고, 죽는 날까지 자신을 내놓는 것이며, 죽은 후에도 끊임없이 보살펴 주는 것이 아닌가!

다른 많은 천재도 그와 비슷한 모자간의 사랑은 흔히 볼 수 있다. 포프, 뮤세, 라마르틴느도 다들 그들의 어머니를 칭송했으며 또 그들 어머니의 덕을 많이 입고 있다. 자멘호프도 마찬가지였다. 그를 이상주의자로 만든 이도 그의 어머니였고 그의 위대성을 확고하게 믿어준 이도 그의 어머니였다. 어머니는 자기 아들을 마치 신성한 불꽃처럼 경건하게 돌보았다. 그녀는 순박한 여자였으며 아들에게 모든 인간이 형제이며 신 앞에 평등하다는 것을 가르쳤다.

한편 현명한 아버지는 아들을 공상의 세계에서 현실의 세계로 되불러다 주곤 하였다. 그래서 실로 소년은 비알리스토크 거리에서 일어나는 주위 현실을 볼 수 있었다.

자멘호프네 목조 건물의 창밖, 베르다 가(街)에 특유하게 수염을 길게 기른 한 무리 유대인이 지나갔다. 그러면 한 떼의 눈 뭉치가 그들의 얼굴로 날아간다. 눈 밑에 명중하여 피가 뺨 위로 흘러내린다. 어떤 노인은 비명을 지르기도 한다. "우는 소리 마! 이 유대인 개자식아" 하고 기독교 가정의 아이들이 소리 지르고 "흐라, 흐레, 흐리, 흐로, 흐루" 하고 기이한 유대 말을 흉내 내며 달아난다. 러시아 장교가 연신 손뼉을 치며 깔깔댄다. 그리고는 "이 길로 다니지 마라! 이 도둑놈의 종자들아!" 하고 경멸의 침을 뱉는다.

사람들이 시장 안을 가득 메우고 있다. 요란한 발자국과 왁자지껄한 소리로 소란스럽다. 과일 바구니와 채소 더미 사이에 갖가지 빛깔 의복이 반짝인다. 리투아니아의 시골 부인들이 두르는 초록빛 숄, 양피제품, 군인들의 회색 코트, 낙타 기지 망토, 붉은 빛깔과 함께 금빛 독수리 무늬에 은빛 장식이 달리고 흰 띠를 두른 러시아 관리의 푸른 정복들…. 어떤 여자 장사치가 독일인 손님과 실랑이를 벌이고 있다. 구경꾼이 우르르 모여든다. 헌병이 끼어든다. 여자 장사치들이 자기네 말로 자초지종을 설명한다. 그러나 헌병은 알아들을 수가 없다. "러시아 말로 해! 그따위 말은 집어치우고 러시아 말로 하란 말이야. 여긴 러시아 땅이야!" 하고 그는 엄하게 명령한다. 구경꾼 가운데 한 폴란드 사람이 투덜거리면, "어떤 놈이냐?" "이 사람입니다" 헌병들은 그를 체포한다. 모여 선 사람들은 자신도 모르게 몸을 떤다. 붙들린 사람은 총검에 둘러싸여 끌려가 버린다. 군중 사이에 침묵이 흐른다. 폴란드 사람들은 그 희생자에게 저마다 경의를 표하나 독일인과 유대인은 모자를 벗지 않는다. "이제 그녀석은 우리 욕을 하려도 할 수 없겠지" 하고 긴 수염을 기른 자가 중얼거린다. 폴란드인의 눈에서는 분노가 번뜩이고 러시아인의 눈에서는 조소가 흐른다.

도대체 이 사람들은 상대방에 대하여 무엇을 서로 알고 있는가? 모두 제각기 감정을 품어서 기뻐할 줄도 슬퍼할 줄도 알며, 처자가 있는 가정을 사랑할 줄도 안다는 그런 사실을 알고 있을까? 그들은 그런 생각을 조금도 하지 않는다. 다만 유대인, 러시아인, 폴란드인,

독일인 따위만을 생각하고, 인간 자체에 대해서가 아니라 자기 민족에 대해서만 생각한다. 집에서는 모두가 동족 간의 교류만을 허락한다. 가령 폴란드인 처녀가 러시아인에게 사랑을 언약하면 그녀는 부모에게 저주받아 집에서 내쫓기고 만다. 한편 리투아니아 사람은 멸시의 대상이 된다. 이를테면 "제까짓 것들이 뭐야. 토박이라는 것밖에 더 있나?" 라는 식으로, 리투아니아인의 문예와 민족 부흥에 대해서 폴란드인은 그게 바로 '러시아의 책략' 이라고 수군거리고, 러시아인은 그들대로 '독일의 간계(奸計)' 라고 말한다. 언어 장벽 때문에 아무도 그 이상은 알 수 없기 때문이다.

슬라브 여인이 저녁에 바느질하면서 지껄이는 말 가운데 유대인에 대한 이상하고 괴이한 소문이 퍼진다. "유대인의 유월절 이틀 전에 행방불명이 된 어린애 있잖소? 글쎄 교회당 문 위에 말이오. 알아보지도 못할 글씨 밑에 무슨 빨간 얼룩이 있대잖우. 누가 그놈의 유대인의 글씨를 알아볼 수나 있겠어? 끔찍한 일이지…. 그래 정말 유대인 놈들이 교회 문전에서 짓는 표정이 어쩐지 심상치 않더라니까. 유대인은 자기네 제사 때 쓸 피를 구하려고 어린애들을 죽인다잖아요? 하여간 그 말이 맞는가 봐…" 이런 식으로 그들의 잡담은 진행된다. 물론 문제의 어린애는 그 뒤에 발견되나 소문은 이미 널리 퍼져서 사람들의 마음속에 파고 들어간 후다.

비알리스토크 소년 자멘호프는 이러한 터무니없는 중상모략에 분을 금치 못하였다. 어떻게 해야 사람들이 그러한 잘못을 저지르지 않게 할 수 있을 것인가. 그러한 그릇된 생각이나 고의적인 도발이 실로 크나큰 재앙을 가져다줄지도 모를 일이 아닌가.

ĈAPITRO III. Gimnaziano en Varsovio

Kvardek jarojn pli malfrue, en 1905, rusaj bandoj militistaj sangumis Bjalistokon per pogromo plej terura:

"En la stratoj de mia malfeliĉa urbo de naskiĝo, sovaĝaj homoj kun hakiloj kaj feraj stangoj sin ĵetis kiel plej krudaj bestoj kontraŭ trankvilaj loĝantoj, kies tuta kulpo konsistis nur en tio, ke ili parolis alian lingvon kaj havis alian gentan religion, ol tiuj ĉi sovaĝuloj. Pro tio oni frakasis la kraniojn kaj elpikis la okulojn al viroj kaj virinoj, kadukaj maljunuloj kaj senhelpaj infanoj ...

"Oni scias nun tute klare, ke kulpa estas aro da abomenindaj krimuloj, kiuj per diversaj plej ruzaj kaj plej malnoblaj rimedoj, per amase dissemataj mensogoj kaj kalumnioj, arte kreas teruran malamon inter unuj gentoj kaj aliaj. Sed ĉu la plej grandaj mensogoj kaj kalumnioj povus doni tiajn terurajn fruktojn, se la gentoj sin reciproke bone konus, se inter ili ne starus altaj kaj dikaj muroj, kiuj malpermesas al ili libere komunikiĝadi inter si kaj vidi, ke la membroj de aliaj gentoj estas tute tiaj samaj homoj kiel la membroj de nia gento, ke ilia literaturo ne predikas iajn terurajn krimojn, sed havas tiun saman etikon kaj tiujn samajn idealojn kiel nia?

Rompu, rompu la murojn inter la popoloj! ..."

Tiel paroladis Zamenhof en 1906 dum Kongreso en Ĝenevo. Preskaŭ la samon li jam pensis, estante bonkora knabeto en Bjalistok.
Doloris li pro la fremdeco inter loĝantoj de la sama lando.
Doloris li pro la malamoj en la tuta mondo. En lia pensema kapeto formiĝis jam plano kaj volo ke "pli malfrue", kiam li estos "grandaĝulo", li nepre forigos tiun ĉi malbonon.

Diversajn revojn utopiajn li forĵetis unu post la alia, sed unu ĉefa restis por li ĉiam pripensinda: tio estis la ideo pri unu homa lingvo. "Se nur la homoj povus kompreniĝi!" li sopiris, kaj infane kalkuladis kiun lingvon oni povus alpreni por tutmondo.
Poloj malŝatus rusan, Rusoj ne volus germanan, Germanoj ne tolerus francan, Francoj malakceptus anglan. Kion fari? Nur neŭtrala lingvo povus ĉiujn kontentigi, sen ofendo nek ĵaluzo.
Se tian lingvon internacian ĉiuj homoj lernus krom la sia, tiam ili povus mem ekkoni unu la aliajn de popolo al popolo. Rekte rilatus ili kune. Ĉesus la blinda fido je gazetoj politikaj aŭ incitoj diplomataj, por decidi kredon ĝeneralan pri najbaraj gentoj.

Kiam el reallernejo Bjalistoka li transiris al ĉefurbo

pola kun gepatroj, Ludoviko Zamenhof eniĝis gimnazion varsovian por klasikaj studoj. Historion oficialan lia klara komprenemo trapenetris ĝis la funda vero. Pri militoj kaj lertaĵoj politikaj temis ja la tuta instruado. Ne nur en litva lando malfeliĉa, la gentoj sin malkonis kaj malamis reciproke. Ne nur tie floris la incitoj anonimaj. Ĉe potencaj ŝtatoj registaroj zorgis tion. De centjaroj ili jam kutimis gvidi la publikan opinion kontraŭ unu aŭ alia gento, laŭ la celoj politikaj de l' momento. Dum pafilegoj fabrikiĝis, jam laboris gazetistoj, parolistoj, eĉ poetoj ŝovinistaj, por formi senton ĝeneralan.

Agentoj oficialaj disvastigis ĉie rakontaĵojn, suspekton, kaj eksciton. Per bildoj kaj presaĵoj ili tuŝis korojn de l'virinoj, vekis la indignon de l' popolo, kreis eĉ koleron -- ĉion nur por preni peceton de lando aŭ afrikan kolonion.

Eksplodis milito. Amase falis junaj viroj. Funebris la virinoj.

Mizeris loĝantaro de vilaĝoj detruitaj. Paco fariĝis. La ŝtato perdis cent mil homojn proprajn, kaj aneksis kvindek mil nigrulojn. Gloras generaloj, bruas tamburoj, sonas muzikoj.

Mirinda la sukceso. La venkita ŝtato petas aliancon. Jam finiĝis incitado. De nun vidu la bonaĵojn, kaj forgesu ĉiujn pekojn! Sed amiko jam malnova ekĵaluzas, postulas "kompensaĵon". Kontraŭ tiu nun

ekmarŝu la impresmaŝino, kaj ĉio same rekomencu! ...
k.t.p.

En genia cerbo de junulo disvolviĝis tiu bildo kun precizo frapa. Rompu, rompu murojn inter la popoloj! pensis knabo Zamenhof. Ili estas ja lulilo en la manoj de gvidantoj anonimaj. Ĉesu malkompreno pro nekono reciproka! Nur intrigantoj ĝin profitas. Nacioj devas mem kontroli la eksteran mastrumadon. Ili devas mem rilati kun ceteraj. Ĉesu monopolo de kelkaj malpaculoj! Nur de nescio tenas ili la tutpovon. Falu muroj, ili falos kune. Nur en mallumo vivas la vampiroj. Brilu suno, ili malaperos.

Kun fervoro li lernadis grekan lingvon kaj latinan. Jam li sin vidis veturanta tra la mondo, kaj per flamaj paroladoj predikanta, por ke homoj revivigu tian lingvon de l' antikva tempo kaj ĝin uzu por komunaj celoj. Ĉu ne parolis greke la tuta mondo kulturita en epoko aleksandra? Ĉu ne diskutis per latinaj vortoj ĉiuj scienculoj kaj kleruloj en Eŭropo dum centjaroj de la brila Renaskiĝo? Ĉu ne latine verkis Kalvino kaj Erasmo por dudek popoloj?

Tamen eĉ latina estas malfacila, plena je antikvaj formoj senutilaj, manka je modernaj esprimiloj. Pli simpla, pli taŭga por uzado nuna devus esti la revita lingvo. Ĝi devus esti tuj lernebla kaj uzebla de la popoloj mem, ne nur de kleruloj.

Pri laboristoj, pri malriĉaj homoj penantaj tutan tagon, gimnaziano Zamenhof pensadis pli kaj pli. En rondo familia li ŝatis legi laŭte el versaĵoj de poeto rusa Nekrasof, antaŭmajstro de Gorki. Pri klopodoj kaj suferoj, pri malbelaj domoj, kie morto kaj mizero dancas kune, kantis la verkisto plej ŝatata. Dum tuta vivo Zamenhof amis la popolon laboreman kaj preferis loĝi en kvartaloj ĝiaj for el mondana societo.

Tiuj homoj estas fine la oferoj ĉefaj de l' incitoj intergentaj.
En okazoj de buĉado, ili ĉiam unuarange devas pagi per sango sia kaj trankvilo. Tra tuta mondo malriĉuloj ja sopiras al paco kaj progreso. Kiam ili vespere, lacaj, revenas al hejmo griza, ilia penso serĉas al lumo, ilia sento revas al manoj por premi frate en la siaj trans maroj kaj ŝtatlimoj. "Laboristoj ĉiulandaj unuiĝu!" baldaŭ poste jam fariĝis devizo de l'amasoj.
Sed muroj staras inter ili, dikaj, altaj, ĉefe lingvaj.
Rompu, rompu tiujn murojn! pensadis juna Zamenhof.
La lingvo helpa de l' homaro devas esti por ĉiuj facila. Rapido, logiko devas regi ĝian fundamenton.

De tiam li komencis serĉadi ion novan per provaĵoj artaj.

Ĉu lingvo povas arte konstruiĝi, bazite sur sola logiko? demandis sin la junulo, kaj serĉis materialon por vortaro. Kial ne konsenti pri vortetoj plej mallongaj, kiel _ba_, _ca_, _da_, _be_, _ce_, _de_, _ab_, _ac_, _ad_, _eb_, _ec_, _ed_, kaj arbitre fiksi ĉies sencon difinitan? Ne eble, li ekvidis tuj. Tiajn vortojn eĉ li mem ne povis lerni. Ilin memori superus homan forton.

Vivantajn vortojn lingvo devas havi, se ĝi celas vivi mem.
Ĉerpi el komuna fonto de eŭropaj lingvoj, jen la solvo. Vortaro latina-germana estus la plej internacia. Angloj, Francoj, Hispanoj kaj Italoj, Holandanoj, Germanoj, Skandinavoj kaj eĉ Slavoj konus ĝiajn elementojn kiel eble la plej multajn. Vortoj kiel _horo_, _karto_, _vino_, _bruna_, kaj ceteraj apartenas ja samtempe al dek tri ĝis dudek lingvoj. Elekto devus esti kvazaŭ voĉdonado de l' plejmulto. Tamen homa lingvo estas afero grandega. Riĉegaj gramatikoj, dikaj vortaroj, dek miloj da esprimoj timigis junan Zamenhof. Kiel iri ĝis plenfino?

Iam, sur la strato, fajrera ekkompreno trankviligis lin. "Unu fojon, kiam mi estis en la sesa aŭ sepa klaso de la gimnazio, mi okaze turnis la atenton al la surskribo _ŝvejcarskaja_(pordistejo), kiun mi jam multajn fojojn vidis, kaj poste al la elpendaĵo _konditorskaja_ (sukeraĵejo). Ĉi tiu _-skaja_ekinteresis min, kaj montris al mi, ke la sufiksoj donas la eblon, el unu vorto fari aliajn vortojn, kiujn oni ne bezonas aparte ellernadi. Ĉi tiu penso ekposedis min tute, kaj mi subite eksentis la teron sub la piedoj. Sur la terurajn grandegajn vortarojn falis radio de lumo, kaj ili komencis rapide malgrandiĝadi antaŭ miaj okuloj."[9]

De tiam li studadis la sistemon de sufiksoj kaj prefiksoj en diversaj lingvoj. Kia riĉa fonto! Kia mirinda povo por kreskado kaj multiĝo! La plej multaj lingvoj uzas ilin blinde kaj senorde. Per vere plena kaj regula utiligo de tiu forto, riĉa vortarego disfloras el malgranda radikaro. Nur _-ino_, _-aĵo_, _-isto_, _-ema_, _-igi_, _-iĝi_ centobligus ĝin. Dek mil vortoj memformiĝus sen aparta lerno.

Liaj instruantoj en lernejo rigardis Ludovikon Zamenhof kiel lingviston rimarkindan. Tre juna li jam lernis francan kaj germanan. Ĉe kvina klaso gimnazia li ekstudis anglan. Elparolo malfacila, ortografio malpreciza, sed kia forto kaj rapido en la frazoj! Gramatiko? Tre malmulta. Nur kelkaj antikvaĵoj malregulaj. Riĉa lingvo do bezonas tute ne deklinaron, konjugaron, aŭ sintakson malfacilajn. Kelkaj montriloj

---

9) El la Letero al N. Borovko pri la Deveno de Esperanto, el rusa lingvo tradukita de V. Gernet (_Lingvo Internacia_ 1896, n-ro 6-7; _Esperantaj Prozaĵoj_, p. 239).

ĉiam samaj sufiĉas por la verbaj tempoj. Finiĝoj pliaj kiel _o_, _a_, _e_, utilu kvazaŭ nur sufiksoj, por formi nomojn el verboj, el verboj adjektivojn, kaj adverbojn el ceteraj.

Samtempe krom la lingva, alia ellaboro okupis Zamenhof en tiuj jaroj. Lia patrino estis kredantino. Lia patro ateisto. Li mem knabe perdis jam la fidon religian. Lia logiko ne permesis lin kredadi la instruon de la pastroj. Sed, estante deksesjara, li suferis pro malpleno en la koro. Li ne vidis ian sencon en la vivo. Por kio li laboras? Pro kio li ekzistas? Kio estas homoj?
Kial ne tuj morti? Ĉio ŝajnis al li vana kaj naŭza. Por li tre turmenta estis tiu tempo. Tiama portreto, iom kruda kaj maldolĉa, montras la malĝojon de l' gimnaziano.

Interna krizo lin savis. Iom post iom li ektrovis veron por si mem. Li komprenis ian sencon en la naturo. Li sentis altan vokon pli precizan al homara celo. Li formis propran kredon pri vivo kaj pri morto. Deksepjare li akiris novan fidon kaj feliĉon de l' animo ekster dogmoj. Li sentis fortan inspiron en la koro. Pli fervore li revenis al verkado.[7] Posta portreto montras la ŝanĝon en okuloj. Dolĉeco regas.
En jaro 1878, Zamenhof sidis en la lasta klaso de la Gimnazio.

Tiam estis preta jam projekto de lia lingvo, ankoraŭ ne tute simila al la nuna Esperanto. Kelkaj kolegoj interesiĝis je lia longa laborado. Al ili ĝoje li konigis la novan lingvon. Ion tiel simplan kaj facilan neniu el ili antaŭkredis. Fervore ses aŭ sep ellernis la sistemon.

En la gepatra loĝejo ĉe strato Novolipie, Ludoviko havis propran ĉambron izolitan sur la teretaĝo. Tie kunvenis amikaro lia ĉe l' amata grupestro. Kune ĉiuj fervoradis pri la homa refratiĝo. Alta la revo, granda la tasko. La 5. de decembro ili festis la vivigon de la lingvo. Ĉirkaŭ kuko, de l' patrino ame kuirita, sidis Ludoviko kun kolegoj entuziasmaj. Unuan fojon sonis lia "lingwe universala". Post paroloj esperplenaj, ili kantis himnon de l' frateco:

Malamikete de las nacjes
Kadó, kadó, jam temp' está!
La tot' homoze in familje
Konunigare so debá.

(Malamikeco de la nacioj
Falu, falu, jam temp' estas!
La tuta homaro en familio
Kununuigi sin devas.)

En junio 1879 finiĝis gimnazia kurso, kaj ĉiuj kolegoj disiris.

La persono de ilia ĉefamiko lasis ĉe ili tiel fortan impreson, ke ili eĉ komencis propagandi liajn ideojn kaj paroli pri la nova lingvo. Sed, kiel Zamenhof malgaje konstatis pli malfrue, "renkontinte la mokojn de l' homoj maturaj, ili tuj rapidis malkonfesi la lingvon, kaj mi restis tute sola". Tiel okazas preskaŭ senescepte ĉe la grandaj inspiritoj tra tuta homara historio. Ankaŭ hejme li devis suferi baton pli kruelan. Ĝis tiu tempo la patro laŭŝajne ne malaprobis lian laboradon, ĉar la knabo tamen brile sukcesis ĉiujn ekzamenojn. Sed kiam venis la momento forlasi gimnazion kaj elekti profesion, tiam blovis kriza vento.

Jam ofte konatuloj aŭ kolegoj profesoraj de Markus Zamenhof admonis lin pri lia filo. "Ideo tiel fiksa en kapo junula minacas ja frenezon. Domaĝe estus lasi tian talentulon perdiĝi en ĥimeroj. Baldaŭ li malsaniĝos, se li daŭras plu!" Tiel babilis konsilantoj bonintencaj.

Pri la estonteco de la knabo ĉefe zorgis lia patro. Kion li faros en la vivo, se ĉiuj lin rigardos kiel viron neseriozan, nur "revulon"? Kuracista estis tiam unu el la solaj karieroj permesitaj al Hebreoj en la rusa Imperio. Utila studo, ne revaĵoj, tiam urĝis antaŭ ĉio. Tial Ludoviko devis eĉ promesi, ke li forlasos la aferon pri mondlingvo, almenaŭ provizore. Peza kaj dolora estis la ofero.

Tie staris la altaro. Sur tablo kuŝis la kajeroj kun vortaro, gramatiko, versaĵoj, kaj tradukoj en la nova lingvo. Karaj manuskriptoj, rezultato de multjara pripensado kaj serĉado. Ĉu fordoni tuton? La patro ĝin postulis. En lian ŝrankon malaperis ĉio. Dika ŝnuro ligis la pakaĵon. Fermiĝis pordo.[10]

---

10) Vidu antaŭmortan konfeson pri tiu krizo en ĉapitro XII.

제3장. 바르샤바의 학생

그로부터 40년 후, 1906년 6월 러시아 폭도는 끔찍한 학살로 비알리스토크를 피로 물들였다.

"내가 태어난 불행한 도시 거리거리에서 도끼와 쇠몽둥이를 든 야만인들이 평화로운 주민들을 야수 같이 덮쳤습니다. 주민들의 죄라고는 오직 그들이 그 야만인들과는 다른 말을 사용하고 다른 종교를 가지고 있다는 것뿐이었으며 그것 때문에 야만인들은 남자와 여자, 비틀거리는 노인과 무력한 어린애의 머리통을 부수고 눈을 후벼냈던 것입니다.
이제 우리는 갖가지 비열하고 무지한 농간을 부리고 중상과 모략을 여기저기 퍼뜨림으로써 민족 간의 무지한 적대감을 고의로 만들어낸 일단의 증오스러운 무리에게 그 죄책이 있다는 것을 잘 알고 있습니다. 그러나 사람들이 서로 잘 알고 있었다면, 아니 서로 자유롭게 의사를 소통할 수 없게 하고, 다른 민족도 우리와 똑같은 인간이며 그들의 문학도 어떤 끔찍한 범죄가 아니라 우리와 똑같은 윤리와 이상을 가지고 있다는 것을 알 수 없게 만드는, 사람 사이의 높고 두꺼운 벽이 없었다면 아무리 큰 거짓이나 중상모략일지라도 저토록 무서운 결과를 가져올 수 있었겠습니까? 민족 간의 벽을 무너뜨립시다. 무너뜨려 버립시다."

자멘호프는 1906년 스위스 쥬네브 대회에서 이처럼 연설했다. 그는 비알리스토크의 마음씨 고운 소년이었을 적에도 거의 같은 것을 생각하고 있었다. 그는 같은 나라 주민들이 서로에 대해 이방인이라는 것을 마음 아프게 생각했다. 온 세상에 만재한 증오심 때문에도 마음이 아팠다. 그의 사려 깊은 어린 머리에는 '조금 있다가', '어른이 되면' 단연코 이 악을 제거하리라는 포부와 의지가 벌써 형성되어 있었다.

여러 가지 유토피아적인 공상을 자멘호프는 차례로 버렸지만, 그래도 한가지 '하나의 통일된 인간의 언어'에 대한 생각만은 그의 뇌리를 지배하고 있었다. '사람들에게 자기 자신을 이해시킬 수만 있다면' 하고 그는 한숨을 쉬었고, 어떤 언어가 전 세계에 채택될 수 있을 것인가 하고 어림해 보았다. 폴란드 사람은 러시아말을 싫어할 것이고, 러시아사람은 독일어를 바라지 않을 것이며, 독일 사람은 불어를 참을 수 없을 것이다. 오직 중립 어만이 감정을 해치거나 질투심을 일으키지 않고 모든 사람을 만족시킬 수 있을 것이다. 만약 모든 사람이 자국어 외에 그러한 국제어를 배우게 된다면 다른 나라 사람끼리 서로 이해할 수 있게 될 것이다. 그들은 직접 의사소통할 수 있게 될 것이며 이웃 민족에 대한 일반적인 신조를 정하는 데 정치적 논평이나 외교적 도발을 맹목적으로 신용하는 일은 없어지리라. 비알리스토크에서 국민학교를 다니다가 양친과 함께 폴란드의 수도로 가서, 자멘호프는 바르샤바 고전학교에 입학했다. 그의 명석한 통찰력은 관제역사를 밑바닥 진상까지 꿰뚫고 말았다. 사실 모든 수업이 전쟁이나 정치적인 책략에 관한 것뿐이었다. 민족들이 서로 알지 못하며 미워하고 있는 불행은 리투아니아 지방에 국한된 것은 아니었다. 정체 모르는 선동이 뒤섞여 있는 것도 그곳뿐만이 아니었다. 열강의 정부도 그것에 유념하고 있었다. 몇 세기 전부터 그들은 그때그때 순간적인 정치 목적에 따라 민족 간의 민심을 반목시켜 왔다. 대포가 제조되고 있을 때 국수적인 신문과 연설가, 심지어는 시인조차 여론을 조성하는 일을 맡아 하고 있었다.

관청의 앞잡이들은 어디서나 날조된 이야기로 의심과 흥분을 널리 퍼뜨렸다. 사진과 인쇄물로 그들은 여자들의 마음을 움직였으며 민중의 분노를 유발하고 노여움을 일으켰다. 이 모든 것이 한 떼기의 영토나 아프리카 식민지를 손에 넣기 위해서였다. 전쟁이 일어나자 젊은이들이 모두 쓰러졌다. 여자들은 슬퍼했다. 파괴된 마을의 주민들은 비참했다. 평화가 왔다. 나라는 십만 명의 백성을 잃고 오만 명의 흑인을 병합했다. 장군은 의기양양하고, 북소리는 울리며 음악이 울려 퍼진다. 놀라운 승리다. 한편 패전국은 동맹을 정한다. '이제 분쟁은 끝났다. 지금부터는 허물은 모두 잊고 좋은 면만을 보자!' 그러나 옛날의 우호국은 질투하여 '보상'을 요구한다. 자, 이제는 선전 기계를 반대쪽으로 돌려놓고 모든 것을 원상시키는 거다! 이러한 연상이 젊은이의 천재적인 두뇌에 뚜렷하고 명료하게 펼쳐지고 있었다. 민족 간의 벽을 무너뜨리자고 소년 자멘호프는 생각하였다. 벽은 보이지 않는 자들의 손안에 있는 요람이다. 서로의 무지로 인한 오해는 종식되어야 한다. 음모자들만이 그것으로 득을 본다. 국민 스스로가 그들의 외교정책을 통제해야 한다. 그들은 서로 직접 접촉해야 한다. 몇몇 전쟁광의 전유물이 되어서는 아니 된다. 단지 무지하므로 그들은 힘을 장악하고 있을 뿐이다. 벽이여, 무너져라! 그들도 함께 쓰러지리라. 흡혈귀만이 어둠 속에서 살 것이다. 태양이여, 빛나라! 저들도 사라질 것이다.

자멘호프는 열심히 그리스어와 라틴어를 익혔다. 이미 그는 자신이 세상을 두루 돌아다니며 고전어 가운데 하나를 부활시켜 공통의 목적을 위해 사용하도록 해야 한다고 불꽃 같은 열변을 토하는 모습을 보고 있었다. 알렉산더 시대의 모든 문화 세계에서는 그리스어가 널리 쓰이지 않았던가. 저 빛나는 르네상스 수백 년 동안에도 유럽의 학자와 식자 간에는 토론할 때 라틴어가 사용되지 않았던가. 또 칼빈이나 에라스무스는 20여 나라의 국민을 위해 라틴어로 글을 쓰지 않았던가.

그러나 역시 라틴어는 어렵다. 쓸모없는 옛 형식으로 가득 차 있고, 현대 표현 수단으로는 불충분하다. 그가 꿈꾼 언어는 더욱 단순해야 하고 현재의 용도에 더욱 적합해야 할 것이었다. 그것은 식자뿐만 아니라 일반 대중도 쉽게 배우고 쓸 수 있어야 하리라.

학생 자멘호프는 노동자와 종일 허덕이고 있는 가난한 사람에 대해

점점 골똘히 생각했다. 단란한 가족 모임에서는 고리키의 스승 네크라소프의 작품을 소리 내 읽기를 좋아했다. 애송 받는 그 작가는 노고와 고통을, 그리고 궁핍이 죽음과 희롱하는 더러운 집들을 노래하고 있었다. 자멘호프는 힘겹게 노동하는 서민들을 평생 사랑하고 상류사회보다는 그들 속에 살기를 더 좋아했다.

서민은 결국 민족 상호 도발의 주된 희생물이다. 학살이 시작되면 그들은 맨 먼저 자신의 피와 마음의 평화를 내놓아야만 한다. 세상 어디서나 가난한 사람들이 평화와 진보를 동경하고 있다. 그들이 저녁에 피로한 몸으로 음침한 집으로 돌아올 때, 그들의 생각은 광명을 찾고, 그들의 감정은 바다를 건너 국경을 넘어 그들의 형제와 따스함으로 맞잡을 손을 그려 보는 것이다. "만국의 노동자여, 단결하라!" 는 것이 얼마 후에는 민중의 강령이 되었다. 그러나 그들 간에는 두껍고 높은 벽이 있으니, 그 중요한 하나가 언어의 벽이다. '벽을 무너뜨리자!' 라고 줄곧 젊은 자멘호프는 생각했다. 인류를 위한 보조 언어는 누구에게나 쉬워야 하며 신속성과 논리성이 그 기본 원칙으로 되어야 한다.

그 무렵부터 자멘호프는 인위적인 시험을 통해 무언가 새로운 것을 찾기 시작했다. 그는 자문했다. "언어가 인위적으로 조립될 수 있을까? 그리고 그것을 논리성에만 기초를 둘 수 있을까?" 그 후 그는 어휘의 재료를 찾기 시작했다. 왜 ba, ca, da, be, ce, de, ab, ac, ad, eb, ed 같은 가장 짧은 단어를 택하지 않는가? 그 각각에 명확한 의미를 임의로 붙이면 되지 않는가? 그는 금방 그것이 불가능하다는 것을 알았다. 그 자신 그러한 단어를 익힐 수 없었다. 그것들을 기억한다는 것은 인간의 능력을 초월하는 것이었다.

언어가 스스로 존속되어 나가려면 생명 있는 어휘를 가져야 한다. 그렇다면 유럽어족에서 공통적인 원천을 찾는 것이 해결 방안이었다. 라틴·독일어계 어휘가 가장 국제적일 것이다. 영국인, 프랑스인, 스페인인, 이탈리아인, 네덜란드인, 스칸디나비아인, 그리고 슬라브

인까지도 그 어휘의 성분을 가장 많이 알고 있을 것이다. horo(시간), karto(카드), vino(포도주), bruna(갈색의)와 같은 단어라면 13개 내지 20개 언어에 공통으로 포함되어 있다. 단어 선정은 말하자면 다수결 투표와 같은 것이어야 할 것이다. 그런데도 인간이 사용할 수 있는 언어를 만든다는 것은 거대한 사업이다. 풍부한 문법, 두꺼운 사전, 수많은 표현 같은 것들은 젊은 자멘호프를 안절부절못하게 했다. 어떻게 이 일을 완성할 수 있을 것인가?

어느 날 거리에서 섬광같이 떠오르는 것이 그를 마음 놓게 했다. "6학년인가 7학년 무렵 어느 날, 나는 문득 그때까지 종종 보아 온 시베이쓰아르스카야(Svejcarskaja, 수위실)라는 간판과 콘디토르스카야(Konditorskaja, 제과점)란 간판에 주의를 돌렸다. 이 스카야(skaja)에 관심을 두게 되었는데, 그것은 접미사가 한 단어에서 따로 익힐 필요 없는 단어들을 만들어 낼 수 있다는 사실을 알려 주었다. 이러한 생각이 나를 사로잡자 나는 갑자기 내가 확고한 반석 위에 서 있음을 의식하였다. 한 줄기 빛살이 그 무섭도록 방대한 사전 위에 비치자 사전은 내 눈앞에서 재빠르게 축소되어 가는 것이었다." [11]

이때부터 그는 뭇 언어의 접미어와 접두어의 체계를 연구하는 데 전념하였다. 그 풍부한 자원! 생성과 증식의 놀라운 힘! 대부분 언어에서는 그것들이 맹목적으로 무질서하게 사용되고 있다. 이 힘을 정말 완전하고 규칙적으로 활용한다면 엄청나게 풍부한 어휘가 소수의 어근에서 꽃필 것이다. -ino, -ajo, -isto, -ema, -igi, -iĝi 만으로도 어휘가 몇백 배로 증가할 것이다. 몇만의 단어가 별도로 익히지 않아도 자동으로 이루어질 것이다.

학교 선생들은 루도비코 자멘호프를 뛰어난 언어 학도로 보고 있었다. 아주 어려서 그는 불어와 독어를 배웠다. 고전학교 5학년이 되어 그는 영어공부를 시작했다. 발음은 어렵고 철자도 부정확했지만, 구문에서는 얼마나 힘이 있고 정확한가! 문법? 거의 없다. 단지 다소

---

11) N. 보로프코에게 보낸 에스페란토의 유래에 관한 편지에서.

간의 낡은 불규칙이 있을 뿐이다. 그렇다면 풍부한 언어에는 어려운 격변화나 활용이나 구문 법이 조금도 필요 없다. 동사 시제는 항상 몇 개의 같은 지침으로 족하다. o, a, e 같은 어미들을 동사에서 명사로, 동사에서 형용사로, 그리고 다른 품사를 부사로 전환하는 데 접미어처럼 쓰면 된다.

그러나 자멘호프는 이 수년간 어학 이외의 다른 일에도 쫓기고 있었다. 그의 어머니는 신자였고 아버지는 무신론자였다. 그 자신은 어렸을 때 종교적 신념을 잃어버렸다. 그의 논리가 그가 사제들의 가르침을 믿도록 하지 않았다. 그러나 16살 때 그는 마음의 공허로 번민했다. 인생의 어떤 의미도 발견하지 못했다. 무엇 때문에 일하는가? 왜 존재하는 것일까? 인간이란 무엇인가? 왜 당장 죽지 않는 것일까? 모든 것이 허무하고 지겨웠다. 이 시기에 그는 매우 고통스러웠다. 조금 꺼칠하고 핼쑥한 당시 사진이 중학생의 슬픔을 보여 주고 있다.

내부의 한 위기가 그를 구해 주었다. 조금씩 그는 자신의 진리를 발견해 나갔다. 자연 속에 어떤 의미가 있다는 것을 깨달았다. 그는 인류의 목적에 봉사하리라는 더욱 뚜렷한 소명을 느꼈다. 생과 사에 대해 자기 나름의 신념도 얻었다. 17세가 되어 그는 새로운 믿음과 도그마를 떠난 영혼의 행복을 느꼈다. 힘찬 고무감(高撫感)을 마음속에 느꼈다. 더욱 열심히 그는 제 일에 골몰했다. 그 뒤의 사진은 그의 눈동자 속에서 그러한 변화를 보여 주고 있다. 그의 두 눈은 부드러움으로 충만하여 있다.

1878년 자멘호프는 최고 학년이 되었다. 현재의 에스페란토와는 같지 않아도 그 무렵에 이미 그의 언어 구상은 이루어져 있었다. 그는 학우들에게 그의 새로운 언어를 즐거이 알려 주었다. 아무도 이처럼 단순하고 쉬우리라는 것은 예상하지 못했다. 6~7명의 학우가 그의 언어 체계를 배웠다.

노볼리뻬에(Novolipie) 가에 있는 양친의 집에서 루도비코는 일층에

외진 자기 방을 가지고 있었다. 친우들은 그곳에 그들의 친애하는 지도자와 함께 모여 있었다. 모두 인류가 화해 속에서 재결합하기를 진실로 원하고 있었다. 그 꿈은 고매했고 과업은 위대했다. 12월 17일, 그들은 그 언어의 탄생을 축복했다. 어머니가 곱게 구워 만든 케이크 주위에 루도비코와 그의 열렬한 동료들이 둘러앉았다. 그의 링그웨 우니베르살라(Lingwe Universala, 세계어)가 최초로 발성되었다. 희망에 넘치는 말들이 오간 뒤 그들은 우애의 찬가를 힘차게 불렀다.

Malamikete de las nacjes
Kadó, kadó, jam temp' esta!
La tot homoze in familje
Konunigare so deba.
(Malamikeco de la nacioj
Falu, falu, jam temp' estas!
La tuta homaro en familio
Kununuigi sin devas.)

민족 간의 증오여
무너져라, 무너져라, 때는 왔도다!
모든 인류가 한 가족 되어
결합이 되어야 하느니.

1879년 6월, 학교과정이 끝나 학우들은 뿔뿔이 흩어졌다. 그들의 가장 친한 벗의 인품이 그들에게 매우 강렬한 인상을 남겨 놓았기 때문에, 그들은 그의 사상을 전파하고, 새로운 언어에 대해 말하기에 이르렀다. 그러나 자멘호프가 나중에 슬프게 증언한 바와 같이 "어른들의 조롱을 받자 그들은 그 언어를 모르는 체하기에 급급했고 결국은 나 혼자 남았다." 위대한 영감이란 인류사 전체를 통하여 볼 때 거의 예외 없이 그런 법이다. 집에서도 그는 한층 심각한 타격을 받지 않으면 안 되었다. 그때까지만 해도 아버지는 그 일을 직접 방해하지는 않았다. 모든 시험에 소년은 훌륭한 성적이었던 까닭이었다. 그러나 학교를 졸업하고, 직업을 택해야 할 시기에 이르자 고난은 닥쳤다.

마르쿠스 자멘호프의 친지나 교수 동료들은 가끔 그에게 그의 아들 이야기를 했다. "그와 같은 청년의 머리에 그런 고정 관념이 들어 있으면 정신이상이 되기 쉽지요. 그토록 영특한 애가 망상에 빠지도록 버려둔다는 건 가엾은 일입니다. 저대로 가면 얼마 못 가 병이 나고 말 거요." 선의의 충고자의 말이란 고작 이런 식이었다.

소년의 장래에 관하여는 주로 아버지가 염려하였다. 모두 자멘호프를 불충실한 사내요, 공상가로만 본다면 그는 제 일생을 어떻게 꾸려 나갈 것인가? 당시 의사직은 러시아 제국에서 유대인에게 허용된 소수의 전문직 가운데 하나였다. 몽상이 아닌 실제적인 공부가 다른 무엇보다도 다급한 것이었다. 그래서 루도비코는 어찌 되었건 당분간은 세계어를 단념하겠다고 약속하지 않을 수 없었다. 그 희생은 무겁고 고통스러운 것이었다.

거기에는 제단이 있었다. 책상 위에는 새 언어로 된 사전과 문법, 시, 번역 등이 노트와 함께 놓여 있었다. 소중한 원고, 수년에 걸친 고안과 연구의 결정, 모든 걸 다 버려야 한다는 것인가? 아버지는 막무가내였다. 모든 것이 아버지의 벽장 속으로 사라지고 말았다. 그 뭉치는 굵은 끈으로 단단히 묶였다. 그리고 문은 닫혔다.

ĈAPITRO IV. Studentaj jaroj

Post longa kiso de l' patrino la studento forveturis Moskvon.

Urbego vasta. Universitato plenega. Brilas Kremlaj turoj. Sur stratoj neĝo blanka. Kuras glitveturiloj, tintadas sonoriletoj. Rapidas ĉevaloj longharaj. Ĉie vivo gaja, vigla.

Malriĉe loĝis la junulo. Per lecionoj li gajnetis iom. Sed malfacile juna hebreo trovas eĉ okazojn por instrui. Ankaŭ li verketis iom por gazeto, la _Moskovskie Viedomôsti_. Hejme la gepatroj time zorgis. "Nur dek naŭ rublojn mi elspezas en monato", li skribis por ilin trankviligi. Sed kiel li sin nutris!

Konscience li studadis medicinon. Ankaŭ li kliniĝis siavice super korpoj de mortintoj en ĉambrego dissekca. Simpatie li malkovris la internan meĥanismon de la homa formo. Eĉ tie lin sekvadis lia revo. Ĉu ne similaj estas ĉiuj homoj, kun samaj organoj, samaj bezonoj, samaj timoj kaj deziroj dum la vivo?
Ĉu lingvaj aŭ koloraj diferencoj ŝanĝas tion? Malkono inter gentoj devus ĉesi.

Li plenumis tamen la promeson. "Por pensadi pri homaro, atendu kelkajn jarojn!" sonis admono patra.

Sed granda malpleno doloris en koro. Kiel vivi sen celo ideala? Lia penso kompatema serĉis materialon. Ĝi sin turnis tiam al suferoj de l' Hebreoj. Legaĵo en ĵurnalo atentigis lin. La cionista revekiĝo lin allogis. Ankaŭ lia gento, kiel ĉiuj, rajtas esti rekonata kaj ŝatata.

Kial nur Hebreoj devus kaŝi aŭ prihonti sian naciecon? Ankaŭ ili rajtas havi propran centron de kulturo. Nepoj de Moseo staras ĉie dissemitaj. Malfeliĉo premas multajn. Trans maro blua de l'Helenoj kuŝas antikva Palestino. Laborado, kolektado, volo pacienca kondukos al miraklo. Iam eble staros tie sur tero de l'profetoj nova hejmo de l' Hebreoj. Instruejo, kongresejo malfermos siajn pordojn. Kolonianoj ekloĝos en ĉirkaŭo. Nur justa povis esti tia plano. La disa popolo regajnu l' esperon.

Eĉ pli juna, Zamenhof jam verkis versojn en la rusa lingvo.

Poemon al Hebreoj li presigis nun en la _Ruski Jevrej_:

Al altar' de libereco, fratoj nun rapidu!

Por konstrui propran hejmon ĉiu portu brikon.

Eĉ se multajn jam forŝovos vento, akvo, kaj malsaĝo,

Ne pereos sub la tero via semo kaj laboro.

Vekiĝu, popolo kutima je batoj!

En tia tempo dormo estus honta.

Per ondo forta de l' amaso
Ni svingu flagon al la vivo!
Se riĉuloj pro la oro
Kisas sklave manojn potenculajn,
Ni, malriĉaj, per moneroj de l' laboro
Disbatos la katenojn.
Al altar' de libereco, fratoj nun rapidu ...

Elokvente sonis alvoko junula. Tamen Zamenhof ne fariĝis iam eĉ gvidanto inter la cionistoj. Ĉia trograndigo pri l' merito de l'Hebreoj lin doloris. Konstanta redirado pri "nacio sankta super ĉiuj" vundis lian senton, kvazaŭ ofendado al ceteraj gentoj. Akra mallaŭdo kontraŭ Poloj, Rusoj, aŭ Rumanoj malplaĉis al li. Plendoj pri premantaj registaroj ŝajnis al li pravaj, sed ne malamo al popoloj. Eĉ inter liaj samgentanoj la plej malgranda vorto ŝovinista lin repelis.

Ankaŭ la Hebreoj tre bezonis pli proksime koni la ceterajn gentojn. Ankaŭ por ili urĝis lingvo internacia. Ke ili ekkomprenu diferencon inter amasoj kaj sekretaj incitantoj, ke ili sciu historion de l' aliaj: ankaŭ la ceteraj ja suferis, ankaŭ ilin premis potenculoj, ankaŭ ilin ekspluatas malgrandnombro da lertuloj. Hebreoj amu sian Leĝon, sian genton kaj kutimojn, sed ili super ĉio amu la homaron kaj ĝin servu kiel fratoj. Tiel sentis la studento pripensema, kaj revenis al sia revo.

Eĉ la "dek naŭ rubloj" ne troviĝis tro facile ĉe l' komenco de l' monato, kaj ili ne sufiĉis. Zamenhof ne ŝatis trudi elspezadon al gepatroj. Du jaroj jam forpasis. En somero 1881 li revenis hejmen.

En Varsovio li daŭrigos studadon medicinan ĉe l' Universitato.
Al amata la patrino li rakontis pri la pezo de l' promeso al patro. Lia vivcelo restis la sama. Homoj devas refratiĝi. Kie kuŝas la paperoj kaj provaĵoj de la lingvo intergenta? En libertempo li ja povos ilin trarigardi kaj reveni al laboro kara.

Kun larmoj pala sidis la patrino. Ŝi silentis. Ŝia blanka mano dolĉe glatis la kapon de l' granda filo. Jam dudekdujara li estis. Kiel aŭdos li la veron? Unu tagon ŝia edzo ja bruligis liajn manuskriptojn. Saĝa kaj severa, nur pro amo patra li ĝin faris. Li kredis, ke li tiel "savos" sian filon. Ofte ŝi jam ploris pri tiu ekzekuto. Nun revenis ploroj. Ŝi silentis.

Ludoviko ŝin komprenis. La tutan dramon li divenis. Tuj la patron li nur petis redoni la promesparolon. Urĝas libereco. Nepre lin vokas certa devo. Li nur promesos tion al si mem, ke al neniu li parolos pri sia celo kaj laboro, ĝis li finos universitaton.

Fakte ne tro grava estis la perdiĝo de l' skribaĵoj. Efektive li memoris ĉion parkere. Kun fervoro li refaris sian verkon.

Sur kajeroj de aŭgusto 1881 reaperas preskaŭ sama lingvo kiel en 1878. Tamen estis jam progreso. La bela balado de Heine "En sonĝo" estis jene tradukita el germana:

Mo bella princino il sonto vidá
Ko żuoj malseŝaj e palaj,
Sul dillo, sul verda no koe sidá
Il armoj amizaj e kalaj.

"La kron' de ta padro fio pu mo esté,
La ora, la redża ra sello!
La skepro diantiza, rol mo ne volé,
Tol mem koj volé mo, ma bella."

"To et ne estebla", ŝo palla a mo,
"Kor et si la tombo kuŝé mo
E koj i la nokto vioné mo a to,
Kor tol fe prekale amé mo!"

Dum ses jaroj Zamenhof laboris ĉiutage, bonigante kaj provante sian lingvon. Li tradukis pecojn el aŭtoroj diverslandaj. Li skribis verkojn originalajn. Li laŭte legis al si la skribitajn paĝojn. Multaj formoj ŝajnis bonaj teorie, sed praktiko montris ilin maloportunaj. Jen tio estis peza, kaj ĉi tio malbelsona.

"Multon mi devis ĉirkaŭhaki, anstataŭi, korekti, kaj radike transformi. Vortoj kaj formoj, principoj kaj postuloj puŝis kaj malhelpis unu la alian, dume en la teorio, ĉio aparte kaj en mallongaj provoj, ili ŝajnis al mi tute bonaj. Tiaj objektoj kiel ekzemple la universala prepozicio _je_, la elasta verbo _meti_, la neŭtrala, sed difinita finiĝo _aŭ_, k.t.p.,

kredeble neniam enfalus en mian kapon teorie. Kelkaj formoj, kiuj ŝajnis al mi riĉaĵo, montriĝis nun en la praktiko senbezona balasto; tiel ekzemple mi devis forĵeti kelkajn nebezonajn sufiksojn."[12]

Dum tiu puriga laborado ankaŭ foriĝis el la lingvo kelkaj latinaj radikoj, kiel ekzemple _anno_ kaj _diurno_, kaj anstataŭiĝis per _jaro_ kaj _tago_. Efektive _-ano_ jam estis sufikso kun senco malsama, kaj aliflanke Zamenhof ne volis vortojn kun duobla litero. _Diurno_ tre malbele sonis en kunmetitaj vortoj kiel _ĉiudiurne_ aŭ _diurnmeze_, kaj ankaŭ estis internacia fakte nur por malgranda nombro da homoj kleraj, kiuj konas latinan lingvon aŭ tiajn vortojn francajn kiel _diurne_, neniam uzatajn de l' popolo. Dume _tago_ estas almenaŭ tuj konata de pluraj

---

12) Letero al Borovko.

grandaj popoloj per uzado ĉiutaga, do fakte multe pli internacia. Same plibelsona _kaj_ el greka lingvo anstataŭis _e_ latinan, ne sufiĉe klaran al oreloj por dividi frazojn sen konfuzo.

Kiam poste eksteruloj volis "perfektigi" la vortaron, ili ofte nur revenis al unua formo, kaj nur marŝis malantaŭen sur la vojo jam paŝita de viro pli sperta kaj pli zorga. Teorie diris ili, "tiu formo estus certe pli scienca ol ĉi tiu". Ankaŭ Zamenhof jam trovis samon antaŭ ili, sed multjara praktikado vidigis al li gravan maltaŭgecon de l' unua kaj neceson ĝin forigi per plibona.

Ke "genio estas longa pacienco", kiel kantis Viktor Hugo, tion montris la ses jaroj de senĉesa polurado per provado. En infanaj jaroj Zamenhof fervoris por muziko. Li ludis fortepianon, kaj li ŝatis kanti. Tial harmonio ĉiam regis lian guston.

Ne li kredis, ke sufiĉas gramatiko kaj vortaro por vivigi lingvon. Ĉiu malgracio aŭ pezeco en la frazoj lin akre suferigis. Longe li plendadis al si mem, ke la lingvo ne sufiĉe "fluas". Tial li komencis nun eviti laŭvortan tradukadon el tiu aŭ alia lingvo. Li penis rekte pensi en la nova.

Iom post iom ĝi ekiris mem. Ĝi malpeziĝis. Ĝi pli

rapidis.

Ĝi jam ĉesis esti ombro de l' ceteraj. Ĝi ricevis sian vivon, sian spiriton, sian karakteron propran. Ĝi nun dolĉe puŝis for la influojn de l' ekstero. Ĝi jam fluis tiam, flekseble, gracie, kaj "tute libere, kiel la viva gepatra lingvo".

Tiam estis la vera naskiĝo de la lingvo internacia. Ĉar kiel helpus la homaron senviva kolekto da vortoj? Kiom ĝi valorus, eĉ kun aprobo de naŭdek scienculoj? Ĉiu tirus siaflanke.

Mankus fundamento. Ne estus ia stilo komuna. Ne ekzistus ia kutimo por reguligi liberecon. Kontraŭe, pro Zamenhofa pacienco kaj genio la lingvo jam vivis, kiam ĝi aperis. En si ĝi jam portis certan forton, ĉar granda homo ĝin uzadis.

Gramatiko kaj vortaro estis ja sciencaj kaj tial nepersonaj, krom elektoj aŭ preferoj de finiĝoj aŭ vortetoj. Sed la spirito kunliganta, la stila fundamento, jam estis sigelitaj per mano tre persona. En ĝin Zamenhof metis multon el si mem. Per ĝi li esprimis novan senton, novan homan sopiradon.

Impresanta estis lia personeco, modesta pri si mem, sed obstina pri la celo. Ĝi simbolis revon de multaj koroj nekonataj. Tial ĝi influis poste l' unuan rondon de l' verkantoj en la nova lingvo.

Nacia literaturo komenciĝas ĝenerale per milita poemaro. Ĝian stilon kaj spiriton signas fama kantisto pri bataloj. Okazis male por lingvo Zamenhofa. En pacaj kantoj ĝi eliris al publiko. Pri homa refratiĝo ankaŭ skribis la sekvantoj de la Majstro.

Ankaŭ propran animstaton li esprimis. Dum ses jaroj li restadis sub silento. Ĝi estis tempo malfacila. Al neniu li parolis pri sia laborado. La kaŝeco lin turmentis. Tial li malŝatis eliradi. Nenie li ĉeestis, en nenio partoprenis. En rondoj societaj li sentis sin fremdulo. Tiel pasis for la plej belaj jaroj de la vivo, la studentaj, malgaje kaj dolore. Tiun fajron kaj suferon sub silento li pentris per tiama la versaĵo:

MIA PENSO

Sur la kampo, for de l' mondo, antaŭ nokto de somero
Amikino en la rondo kantas kanton pri l' espero.
Kaj pri vivo detruita ŝi rakontas kompatante --
Mia vundo refrapita min doloras resangante.

"Ĉu vi dormas? Ho, sinjoro, kial tia senmoveco?
Ha, kredeble rememoro el la kara infaneco?"
Kion diri? Ne ploranta povis esti parolado
Kun fraŭlino ripozanta post somera promenado!

Mia penso kaj turmento, kaj doloroj kaj esperoj!
Kiom de mi en silento al vi iris jam oferoj!
Kion havis mi plej karan -- la junecon -- mi
ploranta
Metis mem sur la altaron de la devo ordonanta!

Fajron sentas mi interne, vivi ankaŭ mi deziras;
Io pelas min eterne, se mi al gajuloj iras ...
Se ne plaĉas al la sorto mia peno kaj laboro,
Venu tuj al mi la morto, en espero -- sen doloro!

제4장. 학창 시절

어머니와 긴 작별인사를 나누고 학생은 모스크바로 떠났다. 광대한 도시, 붐비는 대학교, 찬란한 크렘린의 첨탑, 하얗게 눈 덮인 거리. 딸랑거리는 방울 소리와 함께 썰매들이 바쁘게 지나간다. 긴 갈기의 말이 달린다. 생활이 번잡하고 활발했다.

젊은이의 생활은 빈곤했다. 가정교사를 해서 좀 벌긴 했지만 나어린 유대인으로서는 그 일조차 얻기가 어려웠다. 모스코브스키 비에도모시티(Mo-skovskje Vjedomosti) 지(紙)에 몇 번 기고하기도 했었다. 고향의 양친은 매우 걱정되었다. "저는 한 달에 19루블밖에 쓰지 않는답니다." 부모를 안심시키려고 그렇게 썼다. 그러나 그에게 무슨 먹을 거리가 있었을 것인가!

그는 성실하게 의학을 공부했다. 해부실에서는 시신 위에 몸을 구부렸다. 연민의 정과 함께 그는 인간 형상의 내부 조직을 드러내 놓는 것이었다. 여기서도 그의 꿈은 그를 떠나지 않았다. 모든 인간이 다 닮지 않았는가? 똑같은 기관과 똑같은 욕구, 똑같은 생전의 공포와 욕망을 가지고 말이다. 언어와 피부색이 다르다고 그 자체가 다를 수 있겠는가? 종족 간의 무지는 종식되어야 한다는 생각이 뇌리에 자꾸자꾸 스쳐 갔다. 그래도 그는 약속을 지켰다. "인류의 일을 생각하려거든 몇 년 더 기다려라" 하는 부친의 훈계가 들리는 것 같았다. 그러나 마음은 매우 공허하여 쓰라렸다. 이상적인 목적이 없이 어떻게 살 수 있을 것인가? 그는 온유한 마음으로 주위를 돌아보면서 결국 당시 유대인의 고난으로 향하고 있었다. 시온주의자의 각성에 관한 신문기사가 눈에 띄었다. 자기네 민족도 다른 민족과 마찬가지로 인정받고 존중받을 권리가 있거늘 왜 유독 유대인만이 자기네 국적을 부끄러워하고 감추어야 한단 말인가? 그들에게도 독자적인 문화의 중심을 가질 권리가 있다. 모세의 후예는 곳곳에 흩어져 있었다. 고난이 대부분 그들을 내리눌렀다. 그리스의 푸른 바다 건너편에는 옛 팔레스타인이 있다. 노동과 단결과 강인한 의지는 기적을 가져올 것이다. 언젠가는 유대인의 새로운 고향이 그곳 예언자의 땅에 세워질 것이다. 학교와 공회당도 문을 열게 될 것이다. 해외 거류민이 주변에 정착하기 시작할 것이다. 이러한 계획은 지극히 당연한 일이다. 갈라진 민족은 희망을 되찾아야 할 것이다. 아주 어렸을 때 자멘호프는 러시아어로 시를 쓰곤 하였다. 유대인에게 보내는 그의 시가 『러스키 이에브레(Ruskii Jevrej)』지에 발표되었다.

자유의 제단으로 형제여, 어서 오라.
보금자리를 지을 벽돌을 나르자!
바람과 물결과 우매(愚昧)가 많은 것을 쓸어가 버린다 해도
우리의 피와 땀은 헛되지 않으리라.

깨어나라, 매질에 버릇된 민중이여!
자는 것은 수치스러운 일
거센 대중의 파도로
우리는 생명의 깃발을 휘날리자!
부자가 황금을 위해 노예처럼
권세가의 손에 입 맞추어도,
우린 가난해도 노동의 임금으로
우리의 속박을 깨뜨리고 말리라.

자유의 제단으로, 형제여, 어서 오라!

젊은이의 호소는 감명 깊게 울렸다. 그러나 자멘호프는 시온주의자의 지도자가 되지는 않았다. 어떻게든 유대인의 미점(美点)이 과장되는 것은 그에게 괴로운 일이었다. "어떤 민족보다 거룩한 민족"이라고 항상 떠들어 대는 것도 다른 민족에 대한 죄 같아서 그는 비위

에 맞지 않았다. 정부의 압제에 대한 불평은 그의 안목으로도 정당화될 수 있었지만, 다른 민족에 대한 증오에는 그럴 수 없었다. 자기 민족끼리 주고받는 사소한 배타주의적인 말에도 그는 불쾌했다. 유대인 자신도 다른 민족을 좀 더 가까이할 필요가 있었다. 그들에게도 국제어는 시급했다. 그들은 일반 대중과 그 배후에서 싸움을 조장하는 도발자를 구별할 줄 알아야 했고 다른 민족의 역사를 알아야 했다. 다른 민족도 역시 수난을 겪었고 군주에게 압제 받았으며 소수의 교활한 자들에게 착취를 당하고 있었다. 유대인이 자기네의 율법과 민족과 관습을 사랑하는 것은 좋다. 그러나 그들은 무엇보다도 다 같은 형제로서 인류에게 봉사해야 할 것이다. 그러한 것들이 이 사려 깊은 학생의 생각이었다. 그는 자기 꿈으로 되돌아온 것이다.

'19루블' 조차도 월초에는 쉽사리 얻어지지 않았고, 또 그것으로 충족되는 것도 아니었다. 자멘호프는 양친이 비용을 대주는 것을 부끄럽게 여기고 있었다. 2년이 지난 1881년 여름, 그는 집으로 돌아왔다.

자멘호프는 바르샤바 대학에서 의학 공부를 계속할 셈이었다. 사랑하는 어머니에게 그는 아버지에게 한 약속이 얼마나 무거운 부담이 되고 있는지를 털어놓았다. 그의 생의 목표는 변함이 없었다. 인간은 다시 형제가 되어야 한다는 것이었다. 그가 쓴 국제어의 원고와 작품들은 어디에 있는가? 쉬는 날 그것을 충분히 살펴보고, 그가 좋아하는 그 일로 다시 돌아갈 수 있을 것이다.

어머니는 창백한 모습으로 앉아 눈물을 흘렸다. 그녀는 아무 말도 하지 않고 하얀 손으로 장남의 머리를 어루만지고 있었다. 이제 그는 22세였다. 사실을 말하면 이 애는 어떻게 들을까? 어느 날인가 그녀의 남편이 아들의 원고를 죄다 태워 버렸다. 현명하고 완고한 자멘호프의 아버지는 오직 부정(父情)으로 그리 했던 것인데, 그렇게 함으로써 그는 아들을 '구할 수' 있다고 생각했다. 어머니는 그 일을 생각하며 때때로 울었고, 지금도 다시 눈물을 흘렸다. 그녀는 잠

자코 있었다.

루도비코는 어머니를 이해했으며 일의 전모를 짐작할 수 있었다. 아버지에게 당장 그 약속에서 풀어 달라고 간청했을 뿐이었다. 그는 자유로워야 했다. 참으로 확연한 사명이 그를 부르는 것이었다. 그는 대학을 졸업하기까지는 자신의 목적과 과업에 대해서 누구에게도 말하지 않으리라고 스스로 약속할 수밖에 없었다.

사실 원고를 잃은 것은 그리 심각한 일이 아니었다. 자멘호프는 그 내용을 거의 암기하고 있었기 때문이었다. 그는 열심히 원고를 다시 써 갔다.

드디어 1881년 8월의 노트에는 1878년의 것과 거의 비슷한 언어가 재현되어 있었다. 하이네의 「꿈속에(Im Traume)」라는 아름다운 시가 번역되었다.

그로부터 6년간 자멘호프는 창작도 해보고 각국 작가의 문장을 번역도 해보면서 부지런히 그의 언어를 가꾸고 시험했다. 그는 써 놓은 원고를 소리 내서 읽어 보았다. 이론적으로는 좋을듯한 어형(語形)도 실제 사용해 보면 매우 불편하다는 사실을 알았다. 어떤 것은 거추장스러웠고 어떤 것은 듣기에 좋지 않았다.

"나는 많은 것을 다듬고, 대치하고, 수정하고, 근본부터 뜯어고쳐야만 했네. 단어와 어형, 그리고 원칙과 필요성이 상충하여 방해를 놓더란 말일세. 하나하나를 떼어 놓고 보거나 짧은 예문에서 보면 이론적으로는 아주 훌륭하게 보였는데도 말이야. 이를테면 널리 쓰이는 전치사 je라든가 융통성 있는 동사 meti, 그리고 중성이면서도 한정 어미인 aŭ와 같은 것들은 이론적으로는 도무지 머리에 떠오르지 않았지. 사용하면 풍부해질 것으로 보였던 어떤 형식들도 실제로는 쓸모없이 짐스러운 것에 지나고 말 뿐이었어. 그래서 나는 몇 가지 불필요한 접미사는 버리고 말았다네." 13)

---

13) 보로코프에게 보낸 편지에서

이러한 정화 작업 중에 몇몇 라틴어 어근, 이를테면 anno, diurno 등이 사라졌고, jaro와 tago로 대치되었다. 사실 -ano는 이미 다른 의미가 있는 접미사로 쓰이고 있었을뿐더러 자멘호프는 겹자로 된 단어를 바라지 않았다. Diurno(날·낮)은 ĉiudiurne(매일)나 diurnmeze (낮)와 같이 합성어로 사용되면 발음이 좋지 않았다. 또 라틴어나, 대중 간에는 전혀 쓰이지 않는 diurne같은 불어 단어는 소수 식자에게만 통할 수 있었던 반면, tago는 적어도 몇 나라의 국민에게는 일상 용어인 셈이라 금방 알아들을 수 있어 훨씬 국제적이었다. 마찬가지로 음조가 더 좋은 그리스어 kaj(과, 와)가 어구를 분명하게 분리해 줄 만큼 발음이 명확하지 않은 라틴어 e를 대신했다.

나중 문외자들이 어휘를 '완전하게' 하려 했지만 결국은 최초의 형태로 돌아오곤 하였다. 그들보다 더 경험이 많고 더욱 주도한 사람이 이미 걸어온 길을 되돌아서 말이다. 이론적으로만 그들은 "이러한 형태가 저러한 형태보다 확실히 과학적이다"라고 말하곤 했다. 자멘호프는 그들보다 먼저 그것을 생각했다. 그러나 수년간의 경험으로 그는 그것이 사실상 부적합하며 더 나은 것으로 대치해야 할 필요를 느꼈다.

빅토르 위고가 말한 "천재는 긴 인내"임을 그는 이 6년 동안의 실제적인 시험을 통한 부단한 연마 과정에서 보여 주었다. 어린 시절 자멘호프는 음악을 열심히 하였다. 그는 피아노를 연주했고 노래하기를 좋아했다. 그래서 그의 기호(嗜好)를 지배한 것은 언제나 하모니였다.

그는 언어를 살리는 데 문법과 사전만으로는 부족하다고 생각했다. 문장이 거북하거나 지루하면 그는 몹시 괴로웠다. 오랫동안 그는 자기의 언어가 만족스러울 만큼 충분히 유려(流麗)하지 못함에 속으로 골머리를 앓았다. 그래서 그는 여러 언어로부터의 축자역(逐字譯)을 단념하고 새로운 것을 직접 생각해 내려고 애썼다.

조금씩 조금씩 진척되어 나가기 시작했다. 덜 지루해지고 좀 더 유창해졌다. 어느덧 다른 언어의 모조품이 아니라 자신의 생명과 정신의 독특한 특성을 갖기에 이르렀다. 이제 그것은 외부로부터의 영향을 쉽게 물리쳤고, 흐르는 물처럼 유연하고 우아하고, 그리고 "생생한 자연어처럼 퍽 자유로운 것"이 되었다.

이때야말로 진실로 국제어가 탄생한 순간이었다. 어떻게 생명이 없는 단어의 모임이 인류에게 도움이 될 수 있을 것인가? 설사 90명의 학자가 인정했다 할지라도 그것이 도대체 어느 만큼이나 가치가 있을 것인가? 사람들은 제각기 자기 방식을 취하고 말 테니 아무런 토대도 없고 공통의 문제도 없을 것이다. 그러나 이와는 반대로 자멘호프의 인내와 천재로 이 언어가 세상에 발표되었을 때 그것은 이미 살아있었다. 위대한 인간이 그것을 사용해 왔기 때문에, 그것은 이미 타고난 힘을 가지고 있었다. 문법과 어휘는 그야말로 과학적이었다. 그러기에 어미나 짤막한 단어 따위를 선택하는 일만 빼놓고는 한결같이 사견이 배제되어 있었다. 그러나 결속된 정신과 기본적인 문체는 매우 개성적인 특질을 띠고 있었다. 그 언어 안에 자신의 많은 것을 쏟아 넣었다. 그는 그 언어로 새로운 감정과 인간의 새로운 열망을 표현해냈다.

자멘호프의 인품은 감복할 만한 것이었다. 스스로에 대해서는 겸손했으나 뜻하는 바에 대해서는 굽힐 줄 모르는 강한 의지를 지녔다. 그의 인품은 많은 무명인의 꿈을 상징화시켰다. 따라서 그것은 후에 그 새로운 언어를 사용하는 최초의 작가들에게 영향을 주었다. 국민문학은 보통 전쟁시(戰爭詩)와 함께 시작된다. 그리고 그 문체와 정신은 전쟁을 찬미하는 유명 시인들의 영향을 받는다. 그러나 자멘호프의 언어는 그렇지 않았다. 그것은 평화의 노래와 함께 세상에 나타났다. 대스승의 추종자 역시 인류의 재결합에 관하여 썼다.

자멘호프는 자신의 심정을 표현했다. 6년 동안 그는 한결같이 침묵을 지켰다. 어려운 시기였다. 누구에게도 그는 자기 일을 말하지 않았으나, 그렇게 숨기자니 또한 고통스러웠다. 그래서 그는 외출까지도 꺼렸다. 아무 데도 얼굴을 내밀지 않았고 아무 일에도 참여하지 않았다. 그래서 그 자신이 사교모임 같은 곳에서는 이방인처럼 느껴지기까지 했다. 인생의 가장 아름다운 시기인 학창시절은 그렇듯 쓸쓸하고 고통스럽게 지나갔다. 이러한 침묵 속의 열정과 고난을 그는 당시에 쓴 시 한 편에 표현하고 있다.

사념

여름날 해 질 무렵, 세상을 멀리 떠난 들판 위에서
뜻 맞는 나의 소녀는 희망의 노래를 부르고 있다.
동정에 차서, 망쳐버린 생활을 이야기하여
다시금 나의 상처를 건드린다. 고통은 또다시 피를 흘리는데
"자고 있나? 여보세요, 왜 그리 꼼짝 않고 있어요?
아니, 그리운 어린 시절 생각하나 보군요"
뭐라고 말할까? 산책을 다녀와 쉬고 있는 소녀에게 결코 눈물로 대답할 수는 없다.

사념과 고통, 고뇌와 희망!
그대들에게 이미 나는 얼마나 많은 희생을 묵묵히 치렀던가.
내 가장 소중한 것을… 내 청춘을… 울면서 나는
사명이 명하는 제단 위에 바치었다.

내 가슴속에서 불꽃은 타고, 또 나는 살고 싶다.
흥겹게 떠드는 무리 속에 끼어들어도, 무언가 영원으로 나를 끄는
게 있으니
내 사념과 내 과업이 운명의 비위를 거스르는 거라면,
죽음이여, 곧장 나에게 오라. 고통을 동반치 말고… 희망 속에서!

ĈAPITRO V. Doktoro Esperanto

Tamen iam "l' amikino en la rondo" divenis la misteron. Klara Zilbernik, filino de Kovna komercisto, renkontis Zamenhof ĉe bofrato sia. Sprita, gaja, energia, kaj bonkora, ŝi atente rimarkadis la junulon silenteman kaj timeman. Granda frunto pura kaj pensema; sub okulvitroj rigardo luma kaj profunda.

Amo venis inter ili. Unu tagon li konfesis al ŝi siajn du sekretojn. Ŝi komprenis, kaj decidis partopreni lian vivon de sindono.

Ŝi povis antaŭvidi ekzistadon malfacilan, kaj tial agis tre kuraĝe. La diplomon kuracistan Ludoviko Zamenhof ricevis jam du jarojn antaŭ tio; sed inter 1885 kaj 1887 li vane serĉis tujan vivrimedon. De loko al loko tre malĝoje li provadis trovi la sufiĉan klientaron. La komenco estis neprospera. Ankaŭ lia modesteco kaj sentemo lin malhelpis. Tre ŝatata de malriĉaj malsanuloj, li ne sciis gajni grandajn sumojn. En Plock unu vesperon oni lin venigis en domon de riĉuloj. Kuŝis maljuna sinjorino, kaj apude tri doktoroj. Stato malespera. Post du tagoj ŝi pereis. Al la kvar vokitaj kuracistoj la gefiloj sendis altan pagon. Zamenhof rifuzis sian. Kial preni monon, kiam mortis la kliento?

En Vejsieje, la urbeto litva, li ĉeestis morton de bubino. Febro ŝin bruligis for. Pro doloro la patrino malfeliĉa preskaŭ freneziĝis. Dum monatoj poste li aŭdadis ŝiajn plorojn kaj ĝemadon. Li decidis lasi ĝeneralan praktikadon kaj elekti fakon okulistan.

Tial li vojaĝis al Vieno por studadi oftalmologion ĉe speciala kurso. En aŭtuno 1886 li revenis Varsovion al gepatra hejmo. Tie li malfermis akceptejon kiel okulisto. Dum sama vintro li ekkonis sian fianĉinon kaj ricevis kuraĝigon por eldoni sian verkon al publiko.

Jam de jaroj li ja serĉis eldoniston. Klopodo sensukcesa. Neniu volis riski monon. Ankaŭ tiel li ekspertis la maldolĉon de l'financa flanko en la mondo. Nova turmento komenciĝis.

Tamen urĝis aperigi lian lingvon. Dum silente li ĝin perfektigis, ekfloris okcidente "Volapük" de l' abato Ŝlejer el Konstanco. La vortaro estis malfacila kaj arbitra. Dum longa tempo Zamenhof nenion sciis pri tiu provaĵo. Kiam ĝia famo lin atingis, unue li tre ĝojis, sed konstatis poste, ke la solvo mem ne taŭgas. Baldaŭ la movado jam malkreskis. Multaj homoj malkuraĝis, kaj forlasis la aferon. Urĝis montri al la mondo, ke la celo restas prava. Nur la sistemo estis malbona.

Lingvo devas esti ja internacia kaj vivanta, ne arte fabrikita.

Tiam intervenis homo tre helpema. Li estis la patro de Klara Zilbernik. Lia filino fianĉiĝis en printempo[14] kun D-ro Zamenhof. La juna scienculo kaj idealisto tre plaĉis al li. Pri lia plano li demandis lin. Grandega la projekto! Nobla la celo!
Simpla komercisto li mem estis, sed amanto je ideoj. Je kio do utilus gajni monon kaj ŝpareti? Ĉu ne por igi vojon pli facila al unu pli klera ol li mem kaj pli valora por homaro?

Multaj patroj en lia loko malkonsilus la filinon. Nur dirus ili:
"Veran viron mongajnantan kaj realan vi elektu, ne revulon!" Tiel ili paroladus, frizante la lipharojn. Malsame Zilbernik: "Geniulo estas via Ludoviko", li diris; "filineto mia, vi havos sanktan taskon. Ĵaluze ankaŭ mi dezirus helpi lin."

Tial proponis la bopatro, ke la edziĝo jam fariĝu en somero, kaj antaŭe jam presiĝu je lia kosto la libretoj pri mondlingvo.
Tiel okazis. Dum du monatoj presprovaĵoj atendadis ĉe la cenzuristo. Feliĉe tiu estis bonkonato de la patro de Zamenhof.

---

14) La 30. de marto 1887.

Fine la 14. de julio[15] li allasis la permeson al presisto. La verko kredeble ŝajnis al li sendanĝera naivaĵo. La aŭtoro estis maltrankvila. Unuflanke malpacienco, aliflanke timo lin agitis.

"Mi estis tre ekscitita antaŭ tio ĉi; mi sentis, ke mi staras antaŭ Rubikono, kaj ke de la tago, kiam aperos mia broŝuro, mi jam ne havos la eblon reiri; mi sciis, kia sorto atendas kuraciston, kiu dependas de la publiko, se ĉi tiu publiko vidas en li fantaziulon, homon, kiu sin okupas je 'flankaj aferoj'; mi sentis, ke mi metas sur la karton tutan estontan trankvilecon kaj ekzistadon mian kaj de mia familio;

sed mi ne povis forlasi la ideon, kiu eniris mian korpon kaj sangon, kaj ... mi transiris Rubikonon."

En tiaj tagoj Zamenhof verkis versaĵon tre mallongan: _Ho, mia kor'!_ Ĝi sonas iom kiel spirado malfacila de homo suprenkurinta kvin etaĝojn de ŝtuparo kaj staranta antaŭ pordo halte:

Ho, mia kor', ne batu maltrankvile,
El mia brusto nun ne saltu for!
Jam teni min ne povas mi facile,
    Ho, mia kor'!

Ho, mia kor'! Post longa laborado

---

15) 1887.

Ĉu mi ne venkos en decida hor'!
Sufiĉe! trankviliĝu de l' batado,
  Ho, mia kor'!

La unua libreto aperis en la rusa lingvo. Baldaŭ poste sekvis eldonoj pole, france, germane kaj angle. Ĉiuj entenis saman enkondukon, tekstojn en lingvo internacia: Krista preĝo _Patro nia_, El Biblio, Letero, Versaĵoj, plenan gramatikon el dek ses reguloj, dulingvan vortareton el naŭcent radikoj. Ankaŭ estis aliĝiloj kun promeso tuj komenci la lernadon, kiam dek milionoj da personoj estos same promesintaj. Per deklaro sur la dua paĝo la aŭtoro jam forlasis ĉiajn rajtojn siajn, ĉar "lingvo internacia, kiel ĉiu nacia, estas komuna propraĵo". La tuta verko estis subskribita per belsenca pseŭdonimo: "Doktoro Esperanto".

La 9. de aŭgusto[16] Zamenhof edziĝis, kaj enloĝis tre modestan ĉambrareton sur la strato Przejazd 9, en Varsovio. Tie kun edzino li komencis dissendadon de l' broŝuro al gazetoj kaj personoj ĉiulandaj. Ŝi skribadis nomojn kaj adresojn, enpresigis anoncetojn en ĵurnaloj. Tiel pasis la monatoj de l'komenca kunvivado. Feliĉaj, kiuj scias eternigi sian amon per tuja semo de komuna idealo.

---

16) 1887.

Kiel estos akceptita la libreto? Ĉu ĝi simple falos en silenton kaj forgeson? Ĉu homoj blinde eĉ ne legos frukton de dekjara laborado? Minacis dubo malespera. En tiaj horoj ofte kuŝas en la manoj de virino, ĉu blovi kuraĝiĝon sur flameton fidan aŭ ĝin estingi per ploretoj de plendado bagatela. Granda ŝi estas, se ŝi gardas la flamon.

Unu post unu ekvenis respondoj. Demandoj, konsiloj, aproboj, aŭ fervoraj leteroj. Eĉ kelkaj estis jam skribitaj en la nova lingvo. Ĝi fariĝis do vivanta, ĉar uzata. Baldaŭ multaj anonciĝis aliĝantoj. Formiĝis rondo familia. Duoble ĉesis la soleco Zamenhofa.

Estis por li granda ĝojo, senti sin de tiam ĉirkaŭata de fervoraj samideanoj. Eĉ ankoraŭ pli kontente li pensis, ke la lingvo jam trovis nun anaron, kaj povus baldaŭ kreski per si mem. Laŭ lia espero "la aŭtoro tiam tute foriros de la sceno, kaj estos forgesita. Ĉu mi post tiam ankoraŭ vivos, ĉu mi mortos, ĉu mi konservos la forton de mia korpo kaj animo, ĉu mi ĝin perdos, la afero tute ne dependos de tio; kiel la sorto de ia vivanta lingvo tute ne dependas de la sorto de ĉi tiu aŭ alia persono".

Tiel li skribis en la _Dua Libro_, kiun li eldonis nur en la lingvo mem, jam en komenco de la jaro 1888. Kun multaj aliĝintoj li korespondadis ja persone. Sed plej ofte li devis rediradi pri la samaj temoj. Tial li respondis kolektive per unu broŝuro ĝenerala.[17]

"Mia profunda kredo je la homaro min ne trompis", li skribis en antaŭparolo, "la bona genio de l' homaro vekiĝis: de ĉiuj flankoj al laboro ĉiuhoma venas junaj kaj maljunaj ... viroj kaj virinoj rapidas porti iliajn ŝtonojn por la granda, grava kaj utilega konstruo."

Ne nur kun Zamenhof korespondis la novaj adeptoj, sed ankaŭ inter si. Antono Grabowski tradukis jam verkojn el Goethe kaj Puŝkin.

En oktobro 1889 aperis la unua adresaro, kun mil nomoj diverslandaj. Laŭ uzado ĝenerala, la "lingvo de Esperanto" baldaŭ nomiĝis "Esperanto" tute simple. Al ĝi konvertiĝis en Nurnbergo Leopold Einstein kaj la tuta klubo mondlingvista.

Ili fondis saman jaron gazeton monatan _La Esperantisto_. Ĝi anoncis grupojn en Sofjo kaj Moskvo. Kreiĝis internacia movado.

Samtempe la maldolĉo de l' eksteraj cirkonstancoj returmentis la doktoron. Klientaro ne plenigis lian akceptejon. De l' bopatro li ricevis monon por presigi la broŝurojn. Sed por hejmo li ne volis akcepti lian

---

17) D-ro Esperanto: _Dua Libro de l' Lingvo Internacia_. Kajero n-ro 1, Varsovio 1888 (Cenzuro 18/30 januaro).

helpon. Li deziris nepre perlabori vivrimedon.

Jam naskiĝis gefiletoj Adamo kaj Sofio. La edzino reveturis Kovnon en loĝejon de l' gepatroj. Dume la juna okulisto denove serĉis praktikadon en alia loko. En Ĥerson, apud Nigra Maro, li klopodis sensukcese. En marto 1890 ambaŭ retroviĝis en ĉefurbo pola.

Tie Zamenhof ekprenis sur sin la eldonon de _La Esperantisto_, laŭ deziro de l' samideanoj. Preskaŭ ĉiuj estis malriĉuloj, kaj nur cento pagis abonprezon. Post kelka tempo li forspezis ĉiujn fortojn kaj rimedojn siajn. Kun edzino kaj infanoj li troviĝis en premanta malfacilo. Ĝuste tiam tre malsanis la patrino, kiun amis li el tuta koro. Ĉagreno lin sufokis. Ĉio ŝajnis nigre malespera. La sorto minacis senigi lin je patrino adorata kaj ankaŭ je lia vivcelado. Se li mem malaperus, la lingvo povus tamen prosperadi, li opiniis. Sed, se li haltigos la presadon de l' organo centra, baldaŭ disvelkos la tuta progreso.

"Se la trunko ĉesos vivi", li skribis en alvoko lasta, "ĉiuj esperoj estos perditaj. La esperantistoj devas zorgi.... Mia situacio atingis lastan gradon de neebleco."

Tiam aperis amiko en la plej nobla senco de la vorto. Termezuristo laborema kaj modesta estis W.H. Trompeter, el Schalk en Vestfalio. Esperantisto de l' unua horo, li komprenis la grandecon de Zamenhof kaj de lia celo. La tuta afero, tiel grava por homaro, naĝis kiel nukseto sur la vasta maro.

Malgranda, malforta, nekonata, se ĝin dronigus ondeto, la mondo eĉ ne scius. Sed se ĝi vivos, kia mirinda kreskaĵo disflorados iam el nukseto kaj etendos bonfarantan foliaron super la popoloj fratigitaj!

Ni savu la nukseton! decidis Trompeter. El sia propra salajro li elĉerpos. Kvankam neriĉa, li proponis anonime certan sumon por daŭrigi la gazeton dum tri jaroj. Al redaktisto li dediĉis centmarkan monatpagon. Ĝis 1894 la vivo estis certigita. "Sen Trompeter nia afero tute ne ekzistus", parolis Zamenhof en Bulonjo. "Neniam parolante pri si, postulante por si nenian dankon", li estis plej fidela kaj sincera konsilanto. Inter tiuj maloftaj viroj li estis, kiuj scias oferi eĉ parton de sia necesaĵo por helpi geniulon.

Dum tri jaroj Zamenhof do povis pace laboradi; sed novaj malfeliĉoj lin ekfrapis. En aŭgusto 1892 jam mortis la patrino tiel kara. Kiu vartis lin bubeto, kiu glatis lian kapon de knabeto, kiu faris lin sentema kaj homama, tiu ĉi nun estis for.

La bato lasis ĉe li vundon neflegeblan. En 1894 la demando materia refariĝis premanta. Kun sia familieto la Doktoro devis transloĝi al Grodno.

Kvar jarojn li restadis tie. Granda ĝojo kaj ĉagreno lin atendis. Dum tuta juneco li fervore legis novajn verkojn de Tolstoj. Nun la famo de l' granda Ruso disvastiĝis tra la mondo.

Kontraŭ ĵaluzo kaj perforto li admonis la homaron. Lia nobla voĉo sonis, vokante ĉiujn homojn al amo kaj fratiĝo. Post brila novelista kariero, la riĉa grafo konvertiĝis al simila idealo, pri kia Zamenhof jam vivis de post infaneco. Li forlasis nobelaron, kaj sin turnis al simpleco. La vilaĝanoj fariĝis liaj fratoj. Al nacioj kaj eklezioj li riproĉis malamon inter si.

Kiu pli bone povus ja konsenti kun la Bjalistoka modestulo? Pro sia timemo delikata, li ne kuraĝis trudi sin al Tolstoj. Nur inter ceteraj li sendis al li la libreton en 1888. Respondo ne venis. La semo tamen estis ĵetita. Post ses jaroj ĝi leviĝis antaŭ la publiko. La popola rusa eldonejo "Posrednik" interesiĝis pri Esperanto, kaj petis opinion de la fama pensulo. "Ricevinte antaŭ ses jaroj esperantan gramatikon, vortaron kaj artikolojn skribitajn en ĉi tiu lingvo", respondis Tolstoj, "mi post ne pli ol du horoj da okupado povis jam, se ne skribi, almenaŭ libere legadi en la lingvo.... Mi vidis multfoje, kiel homoj rilatis malamike nur dank' al materiala malhelpo je reciproka komprenado. La lernado de Esperanto kaj ĝia disvastigo estas do sendube kristana afero, kiu helpas al kreo de la Regno de Dio, kio estas la ĉefa

kaj sola celo de la homa vivo."
(_Jasnaja Poljana_, 27. aprilo 1894.)

Tia parolo estis granda kuraĝigo. La letero enpresiĝis en _La Esperantisto_, kaj varmigis entuziasmon. Ankaŭ aperis pli malfrue, en la dua numero de 1895, tradukaĵo el Tolstoja _Kredo kaj Prudento_. Pro tio la rusa cenzuro malpermesis la gazeton en la Imperio. Terura bato: ĉar tie ĝi havis la plej multajn abonantojn. La elirado devis ĉesi. Oficiala elefanto paŝpremis nur muŝeton. Sed tiel mortis la ligilo de l' Esperantistoj.

Malĝojo kaj mallumo regis en la rondeto. Dume Zamenhof denove baraktadis kun akraĵoj de l' vivado.

Sur alia tero, feliĉe, grenero semita elkreskis. Jam en decembro saman jaron eliris _Lingvo Internacia_. Upsala Klubo Esperanta eldonis la gazeton en Svedujo. De post tiam la movado ne haltis iam plu.

제5장. 에스페란토 박사

그러나 어느 사이엔가 라 아미키노 엔 라 론도(l'amikino en la rondo, 뜻맞는 소녀 친구)는 비밀을 짐작했다. 코브노 상인의 딸, 클라라 질베르니크(Klara Zilbernik)는 그녀의 형부 집에서 자멘호프를 만났다. 총명하며 활발하고 정열적이며 마음씨 고운 그녀는 말수 적고 수줍음 타는 이 젊은이를 주의 깊게 관찰하였다. 넓은 이마는 청순하고 사려 깊게 보이고, 안경 속에는 이지적으로 빛나는 시선이 있었다.

애정이 그들 사이에 싹텄다. 어느 날 자멘호프는 그녀에게 자신의 두 가지 비밀을 고백하였다. 그녀는 이해해 주었고, 인생의 헌신적인 반려자가 되기로 했다. 그녀는 생활의 어려움을 예견하고 있었으므로 그 결정은 매우 용감했다. 루도비코 자멘호프는 이보다 2년 전에 이미 의사 면허(의학박사)를 얻어 1885년에서 1887년까지는 당면한 생계를 유지하려고 적당한 곳을 찾아 이곳저곳을 돌아다니고 있었다. 그러나 모든 게 뜻대로 되지 않았다. 시작부터가 신통치 않았는지도 모를 일이다. 그의 겸손과 감수성이 방해되었다. 가난한 환자들에게서는 유난히 존경을 받았지만, 그는 돈을 많이 받을 줄을 몰랐다. 플록18)에서 어느 날 저녁 그는 한 부잣집에 불려간 적이 있었다. 늙은 여인 하나가 의사 세 명의 시중을 받으며 누워있었다. 그러나 상태는 가망이 없어 이틀 뒤에 그녀는 결국 죽었다. 여인의 가족은 그들이 부른 4명의 의사에게 많은 치료비를 보내왔다. 자멘호프는 자기 몫을 거절했다. 환자가 죽었는데 어떻게 돈을 받을 수 있단 말인가!

리투아니아의 조그만 마을 베이시예19)에서는 한 여자 어린애를 치료했다. 고열에 시달리다 그 어린애가 죽자 그 어머니는 슬퍼서 거

---

18) 자멘호프는 1885년 말부터 1886년 5월 말까지 플록에 있었다.
19) 1885년 1월부터 5월까지 자멘호프는 베이시예에 있었다.

의 실성해 버렸고, 그녀의 울음과 신음은 몇 달 동안이나 그를 괴롭혔다. 자멘호프는 일반의를 그만두고 안과 업만 전문으로 맡기로 했다. 그래서 그는 안과학 전문과정을 연구하기 위해 빈으로 갔다. 1866년 가을, 그는 바르샤바의 집으로 돌아와 안과의를 개업했다. 그해 겨울에 장차 아내가 될 사람을 알게 되어 자신의 언어를 세상에 발표할 용기를 얻었다.

자멘호프는 몇 년 전부터 출판업자를 찾고 있었으나 그의 노력은 성공하지 못했다. 아무도 돈을 대줄 엄두를 내지 않았다. 그는 그제야 세상이 금전적인 면에서 얼마나 냉정한지를 깨달았다. 새로운 고통이 시작되었다.

그러나 그의 언어의 발표는 시급했다. 그가 그 작업을 마무리하고 있을 때 서방에서 리첼슈테텐의 수도승 슐라이엘(Slejer, Schleyer)이 창안한 볼라퓌크(Volapuk)란 언어가 발표되었다는 소문이 났다. (1880년) 그 언어는 어휘가 어렵고 독단적이었다. 자멘호프는 그러한 시도에 대해서는 아무것도 알지 못했다. 그러다가 그 소식이 전해지자 처음에는 기뻤다. 그러나 그는 나중에 이 해결안이 적당한 것이 아님을 확인했다. 그 운동은 얼마 후 사그라졌고, 많은 사람이 낙심하여 그 사업에서 떠나고 말았다.

이 목적이 건전하다는 것은 알려 줄 필요가 있었다. 단점이 있다면 오직 그 언어의 체계일 뿐이다. 언어는 정말 국제적으로 생생한 것이어야 하며 인공적으로 조작되어서는 아니 된다.

이러한 시기에 뜻밖에 고마운 조력자가 나타났다. 클라라 질베르니크의 아버지였다. 그의 딸은 그해 봄에 자멘호프 박사와 약혼한 사이였다.[20] 그는 이 젊은 학자이자 이상가에게 마음 깊이 감복되어 계획을 물었다. 놀라운 계획이었고 숭고한 목적이었다. 그 자신은 일개 상인에 지나지 않았으나 늘 이상을 존중했다. 돈을 벌고 저축하는 것은 모두 무엇을 위해서인가. 자기보다 더 많이 배우고 인류

---

20) 1887년 3월 30일.

에게 더 많은 보탬이 될 사람에게 좀 더 평탄한 길을 제공하기 위함이 아니었던가.

그와 같은 처지의 아버지들은 딸에게 그러한 배필을 반대할 것이다. 그들은 딸에게 이렇게 말할 것이다. "돈을 벌 수 있는 착실한 사내를 골라라! 공상가는 안 돼요." 그들은 콧수염을 꼬아대며 그렇게 말할 것이다. 그러나 질베르니크는 달랐다. "애야, 네 루도비코는 천재야. 넌 신성한 임무를 가지고 있는 거야. 그늘에서나마 나도 그를 돕고 싶구나."

아버지는 두 사람이 여름에 결혼할 것을 제의했다. 그리고 이보다 앞서 국제어의 소책자들도 그의 비용으로 출판되기를 바랐다. 일은 순조로이 이루어졌다. 2개월 동안 교정용 인쇄물은 검열관에게 있었다. 다행히 검열관은 자멘호프의 아버지와 잘 아는 사이였다. 드디어 그는 1887년 7월 14일[21] 자멘호프에게 출판을 허가했다. 그 책이 아마 검열관에게는 해롭지 않은 그저 엉성한 것으로 보인 모양이었다. 그러나 창안자 자신은 초조와 두려움으로 가슴이 찢어지는 듯했다.

"출판을 눈앞에 두고 나는 몹시 흥분해 있었다. 나는 내가 루비콘 강가에 서 있다고 생각했다. 그리고 내 책자가 출판되는 날부터 나는 되돌아설 수가 없다고 생각했다. 나는 세상 사람들이 의사를 환상가라고 생각하거나 '하잘것없는 일'에나 매달려 있는 사람이라고 생각한다면, 세인의 평판에 좌우되는 그 의사직이란 게 장차 어찌 될 운명인지를 알고 있었다. 나는 나와 내 가족의 장래의 안녕과 존망이 한 장의 카드에 달려 있다고 느끼고 있었다. 그래도 나는 내 온 영육(靈肉)을 사로잡고 있던 그 사상을 단념할 수는 없었다, 결국 나는 루비콘강을 건넜다."

그 당시에 자멘호프는 「Ho, mia kor'!(오, 나의 심장이여)」라는 매

---

21) 러시아력에 따른 것임. 양력으로는 7월 26일.

우 짤막한 시 한 편을 썼다.

그것은 계단을 다섯 층이나 뛰어 올라와 문 앞에 멈춰 선 사람의 고통스러운 호흡을 느끼게 하는 내용이었다.

오, 나의 심장이여! 불안하게 뛰지 말아다오
나의 가슴은 터질 것만 같구나.
나는 이미 나 자신을 지탱할 수 없으니
오, 나의 심장이여!

오, 나의 심장이여! 긴긴 과업이 끝나는 때
그 결정적인 시간에 나에게 승리가 없으랴.
아 그만! 평온하게 뛰어다오
오, 나의 심장이여!

그의 맨 처음 책자는 러시아어로 발간되었다. 그로부터 폴란드어판, 불어판, 독어판, 영어판이 뒤를 이어 발간되었다. 책들은 모두 국제어로 쓰인 같은 서문과 같은 본문, 즉 주의 기도 성경 구절, 서간문, 시, 16개 조항으로 된 완전한 문법 규칙, 900여 개의 기본 단어가 대역된 사전 등을 포함하고 있었다. 거기에는 또한 천만 명이 서약하면 자기도 곧 학습을 시작하겠다는 서언과 신청서가 첨부되어 있었다. 2페이지에 걸친 서문에서 저자는 국제어는 민족어와 마찬가지로 공동재산이므로 그에 대한 모든 권한을 포기한다고 선언했다. 책자는 에스페란토 박사(Doktoro Esperanto, 희망하는 사람)라는 적절한 익명으로 서명되어 있었다.

1887년 8월 9일, 자멘호프는 결혼하여 바르샤바의 쁘르체야츠트(Przejazd) 가 9번지의 매우 간소한 집에 살림을 차렸다. 그곳에서 그는 아내와 함께 각국의 신문·잡지사나 개인에게 책자를 보냈다. 그녀는 이름과 주소를 썼고, 광고문을 신문에 실었다. 그들이 함께 살게 된 최초의 몇 달이 그처럼 지나갔다. 공동의 이상을 일찍 씨 뿌림으로써 영원한 사랑을 거두어들일 수 있는 사람들은 행복하다. 그런데 이 책의 반응은 어떨 것인가? 그저 침묵과 망각 속에 파묻혀 버리고 말 것인가? 10년간의 노작은 보는 눈이 없어 읽히지 못하고 끝나버릴 것인가? 절망적인 의심이 그를 위협했다. 그러할 때 깜박이는 확신의 불꽃을 살라 타오르게 하거나, 혹은 그 불꽃을 사소한 투정의 눈물로 꺼버리거나 하는 것은 대체로 여성의 손에 달려 있다. 그리고 여자가 그 불꽃을 지켜나간다면 그녀는 위대하다.

하나둘 응답이 오기 시작했다. 질문, 조언 등의 편지가, 열광적인 편지들이, 더욱이 그 새로운 언어로 쓴 것까지 있었다. 사용되어 감에 따라 생명이 있는 언어로 되어 가고 있었다. 이윽고 많은 지지자가 참여를 신청해 왔다. 하나의 가족적인 모임이 형성되고 있었다. 자멘호프의 외로움은 한꺼번에 사라져 버렸다.

자멘호프는 그때부터 열렬한 동지들로 둘러싸여 있다고 느끼자 매우 기뻤다. 또한, 그 언어가 일단의 지지자들을 얻어 머지않아 스스로 성장하게 될 것으로 생각하니 만족스럽기까지 했다. "창안자는 단상에서 물러나 잊히는 것" 이 그의 희망이었다. "내가 살건 죽건, 혹은 내 영육의 기력이 남아 있건 다하건 간에, 살아있는 언어가 어떤 사람들의 운명에 좌우되지 않는 것처럼 이 사업도 내게 전연 의존하지 않을 것이다."

그는 『제2서』에서 그러한 뜻을 표명했다. 그 책은 1888년 초에 완전히 그 언어만으로 간행되었다. 이미 그는 개별적으로 많은 참가자와 교우관계를 맺고 있었으나, 대부분 같은 질문을 몇 번이고 되풀이해서 응답해야 했기 때문에 이 소책자[22]를 내어 총괄적인 답을 해주기로 했다.

"인류에 대한 나의 깊은 신뢰는 헛되지 않았다." 그는 서문에서

---

22) 에스페란토 박사 저, 국제어 『제2서』 1888년 바르샤바 발행(동년 1월 18일부터 30일까지 검열)

쓰고 있다. "인류의 참된 천재성이 눈 뜬 것이다. 노소가 전 인류적인 과업에 봉사하려고 각지에서 몰려오고 있다. 남녀가 위대하고, 중대하고, 유익한 건설을 위해 각자의 석재를 서둘러 가져오고 있다."

새로 배운 벗들이 자멘호프와만이 아니라 그들끼리도 서로 교우를 맺고 있었다. 안토니 그라보프스키(Antoni Grabowski)[23]가 푸시킨과 괴테의 작품을 번역했다.

1889년 10월에는 각국에 산재한 천여 인사의 첫 주소록이 선을 보였다. 일반적으로 사용되던 lingvo de Esperanto(에스페란토어, 희망하는 사람들의 언어)는 어느 사이엔가 그냥 Esperanto(희망하는 사람)라고 불리게 되었다. 뉘른베르크에서는 레오폴드 아인슈타인과 세계

---

23) 프로이센 (오늘날 폴란드 쿠야비포모제주) 노베도브라에서 태어났고, 어려서 토룬으로 이사하였다. 가난한 가정 형편 때문에 초등학교를 마치고 바로 노동을 시작하였다. 그러나 공부에 열정을 가져 김나지움 입학 시험을 독학하여 통과하였다. 1879년 9월 김나지움을 졸업하였고, 브로츠와프 대학교에서 철학과 과학을 공부하였고, 러시아에 있는 직물 공장장이 되었다. 이 동안 화학과 화학공학에 대하여 연구하였고, 여러 논문을 출판하였다. 또한, 최초의 폴란드어 화학 용어 사전을 출판하였다. 화학뿐만 아니라 그라보프스키는 언어에 관심을 가졌고, 모국어인 폴란드어 이외에도 9개국어를 능숙하게 구사하였고 추가로 15개국어를 이해할 수 있었다. 볼라퓌크어가 등장하자, 그라보프스키는 국제어에 관심을 갖기 시작하였다. 볼라퓌크를 독학하여 이 언어의 창시자 요한 마르틴 슐라이어의 집을 찾아갔으나, 창시자인 슐라이어마저도 볼라퓌크를 능숙히 구사하지 못하는 것을 보고 이에 흥미를 잃게 되었다. 1887년에 에스페란토 『제1서』를 구매하고, 이로부터 에스페란토를 공부하였다. 국제어에 다시 흥미를 갖게 된 그라보프스키는 바르샤바로 루도비코 라자로 자멘호프를 찾아갔고, 에스페란토로 대화를 나눴다. 이것이 에스페란토로 이뤄진 최초의 대화라고 여겨진다. 그라보프스키는 곧 에스페란토로 각종 서적을 번역하기 시작하였다. 1888년에는 알렉산드르 푸시킨의 "눈폭풍"을, 1889년에는 괴테의 희극 "오빠와 누이"를 번역하였다. 1904년 바르샤바 에스페란토 협회(오늘날 폴란드 에스페란토 협회)를 설립하였고 회장을 맡았다. 제1차 세계 대전이 발발하자 그라보프스키의 가족은 러시아로 피난갔고, 그라보프스키 혼자서 바르샤바에 남았고, 또한 심장병을 앓기 시작하였다. 홀로 남은 그라보프스키는 악화되는 건강에도 불구하고, 폴란드의 애국시 판 타데우시를 에스페란토로 번역하는 데 몰두하였다. 1921년에 사망하였다.

어 클럽 전원이 새 언어로 전향했다. 그들은 같은 해 월간지 『La Esperanto』를 창간했다. 거기에는 소피아와 모스크바에서 그룹이 결성되었다는 소식이 보도되었다. 국제적인 운동이 일어났다.

그즈음 박사는 또다시 외적인 형편으로 곤경을 겪고 있었다. 환자들이 그의 진료실을 찾지 않았기 때문이다. 장인이 책을 인쇄할 비용을 대주었지만, 생활비까지 폐를 끼치고 싶지는 않았다. 자멘호프는 자신이 생계비를 벌어야 한다고 생각했다. 그들에게서는 이미 아담이 태어났다. 아내는 젊은 안과 의사가 다른 지방에서 일자리를 물색하고 있는 동안, 코브노의 친정으로 돌아가 있었다. 남러시아 케르손에서 개업하려는 그의 뜻이 이루어지지 않자 부부는 1890년 5월 폴란드의 수도로 되돌아 왔다.

이곳에서 자멘호프는 동지들의 요구로 『La Esperantisto』지의 발행을 떠맡았다. 그들은 대부분 가난한 사람이어서 구독료를 지급한 것은 100명에 불과했다. 오래지 않아 그는 모든 정력과 기력을 상실하고 말았다. 그의 아내와 어린애들은 극심한 가난으로 시달림을 받게 되었다. 설상가상으로 그가 온 마음으로 사랑하던 모친이 병석에 눕게 되었다. 고난에 압도되어 숨이 막힐 지경이었다. 모든 것이 절망적이어서 눈앞이 캄캄해졌다. 운명이 그의 사랑하는 어머니와 인생의 목적마저도 빼앗아 갈 것 같았다. 자기가 사라져도 언어는 끝내 살아 융성할 것이라고 믿고 있었지만, 자멘호프가 중심적인 기관지의 발행을 중지한다면 모든 발전은 곧 사라지고 말 것이다. "몸통이 줄게 되면 모든 희망은 사라진다" 라고 그는 최후의 호소로 썼다. "에스페란티스토들은 그 점을 알아야 한다. 나의 처지는 이제 불가능이라는 마지막 단계에 이르렀다."

그때 가장 고결한 의미의 한 친구가 나타났다. 그는 베스트팔렌의 쉘크에 사는 트롬피터(W.H. Trompeter)라는 근면하고 성실한 측량기사였다. 처음부터 에스페란티스토였던 그는 자멘호프와 그의 목적의 위대함을 알고 있었다. 인류에게 더 할 수 없이 중요한 그 운동 전체가 말하자면 대양에 조그만 나무 열매처럼 표류하고 있으니, 작고 미약한 이름 없는 존재인 까닭으로 혹 잔물결이 일어 그것을 가라앉혀 버린다 해도 세상은 아무도 그것을 모르고 말 것 같았다. 그러나 만약 그 열매가 맺히게 된다면, 그 조그만 열매에서는 언젠가 참으로 놀라운 수목이 자라날 것이며 결국 형제가 된 민중 위에 휴식처가 될 푸른 잎을 뻗어 내릴 것이다.

'그 씨앗을 구하자!' 트롬피터는 결심했다. 그는 자신의 봉급에서 조금씩 절약하기로 했다. 부자는 아니었으나 그는 기관지 발행을 계속 시킬 금액을 낼 것을 익명으로 신청했다. 또 매달 편집자에게 수당으로 100마르크씩 별도로 보내왔다. 1894년까지는 수명이 보장된 것이었다. "트롬피터가 아니었더라면 우리의 운동은 결코 살아남지 못했을 것이다" 라고 자멘호프는 불로뉴에서 말했다. 자기 자신에 대해서는 일언반구도 하지 않았고 또 감사의 말을 들으려 하지도 않았던 트롬피터는 가장 충실하고 성실한 조언자였다.

그리하여 자멘호프는 별 걱정 없이 일해 갈 수 있었다. 그러나 또 새로운 시련이 자멘호프에게 닥쳤다. 그를 어린애처럼 귀여워하여 머리를 쓰다듬어 주기도 하고, 그를 감수성이 강하고 인정이 넘치는 사람으로 키워 주신 그의 어머니가 타계했다. 이 시련이 그에게 아물지 않는 상처를 남겨 주었다. 1894년에는 물질적인 문제가 매우 급해졌고 박사는 가족과 함께 그로드나로 이사하지 않으면 안 되었다.

자멘호프는 그곳에서 4년 동안 살았다. 걱정도 있었던 반면, 매우 기쁜 일이 그를 기다리고 있기도 했다. 젊었을 때 그는 톨스토이의 작품을 탐독하였다. 이제 그 위대한 러시아인의 명성은 온 세상에 떨쳐 있었다. 톨스토이는 인류에게 시기(猜忌)와 폭력(暴力)에 대해서 경고하고 있었다. 모든 인간을 사랑과 우애의 길로 인도하려는 톨스토이의 고결한 외침이 울리고 있었다. 소설가로 화려하게 성공한 뒤에 그 부유한 백작은 자멘호프가 어렸을 적부터 추구해 온 것과 비슷한 이상으로 귀의해 있었다. 톨스토이는 귀족에서 벗어나 평민으로 돌아섰다. 마을 사람들이 그의 형제가 되었다. 그는 민족과 교회를 그들 사이에 증오가 있음을 보고 질책했다.

이보다 누가 더 비알리스토크의 그 겸손한 사람과 잘 어울릴 수 있을 것인가. 민감한 내향 성격 때문에 자멘호프는 차마 톨스토이에게 접할 용기가 없었다. 다만 1888년에 다른 사람들에게처럼 책자를 보냈을 뿐이었다. 그런데 답장이 없었다. 그러나 씨는 이미 뿌려졌고 6년 후에는 모든 사람 앞에서 피어났다. 러시아의 대중적인 출판사 포스레드니크(Posrednik)가 에스페란토에 관심을 두고 그 유명한 사상가에게 의견을 물었다. 톨스토이는 대답했다. "6년 전에 나는 에스페란토의 문법서와 사전과 그 언어로 쓰인 글들을 받았습니다. 채 두 시간이 못 되어 나는, 그 언어를 쓰기까지는 못했지만 적어도 자유롭게 읽을 수 있었습니다. 나는 사람들이 단지 상호 이해를 방해하는 기계적인 장애물이 있으므로 서로 적대시하는 관계에 이르는 것을 누차 보아왔습니다. 따라서 에스페란토의 학습과 보급은 의심할 것 없이 기독교적인 사업이요, 인간 생활의 주요하고도 유일한 목적인 '신의 왕국'을 건설하는 데 도움이 되는 일임이 틀림없습니다." (모스크바, 노력(露曆) 1894년 4월 27일)

그것은 대단히 격려되는 말이었다. 그 편지가 『Esperantisto』지(誌)에 실려 열광적인 반응을 불러일으켰다. 그 뒤 1895년도 제2호에는 톨스토이의 장문 편지 「신앙과 이성(Kredo aŭ Prudento)」의 번역이 게재되었다. 그 때문에 러시아의 검열관들은 이 기관지가 그들 제국 내에 반입될 수 없도록 금지 조처했다. 이것은 극심한 타격이었다. 왜냐하면, 그 잡지 독자의 대부분이 그곳에 있었기 때문이었다. 발행이 정지될 수밖에 없었다. '관'이라는 곰의 발로 생쥐를 짓밟은 셈이니 이로써 에스페란티스토 사이의 연결은 무너지고 말았다. 비탄과 암흑이 이 작은 모임을 휩쓸었고, 또한 자멘호프 자신은 생활고에 허덕이게 되었다.

다행히 다른 지방에 뿌려진 씨앗이 싹트고 있었다. 같은 해 12월에는 『Lingvo Internacia(국제어)』지(誌)가 스웨덴의 우프살라 에스페란토 클럽에 의해 발행되게 되었다. 이후로는 에스페란토 운동이 다시는 중단되지 않았다.

ĈAPITRO VI. Idealista profeto.

Post la morto de l' patrino, la gefratoj Zamenhof proksimiĝis al la patro, kies koro plimoliĝis. Granda estis lia vivĉagreno, kaj li fariĝis tre sentema. Komuna funebro ligis al li ĉiujn filojn kaj filinojn. Doloro kaj memoro pri l' amata mortintino kunigis ilin ĉirkaŭ amo kaj spirito ŝia. Por dolĉigi la vivon de l' patro malfeliĉa, ili ĉiuj zorgis. Li fariĝis amiko la plej kara. Pro tio, forflugintoj el la nesto penis reveturi Varsovion tiel baldaŭ kiel eble. Unu post unu revenis ili kun edzino kaj infanoj, kaj reprenis sian lokon en la rondo familia.

Tial ankaŭ Ludoviko revenis en 1898. Li enloĝis kun la siaj en malriĉa strato de l' hebrea kvartalo, Ulica Dzika, 9. Ĝis la mondmilito li restadis tie. Kiel okulisto, li komencis tre malkaran praktikadon. Klientoj pagis nur kvardek kopekojn -- kelkaj eĉ nenion. Sed, kvankam tre ŝparemaj, la Hebreoj ja malŝatas ŝuldojn. Ordinaraj okulistoj postulis grandajn sumojn.

En riĉaj salonoj ili loĝis lukse. Tial multaj homoj eĉ preferis iri ĝis blindeco kun malsano de l' okuloj. Nun alvenis popola kuracanto. Al multaj li eĉ savis vidon. Baldaŭ lia atendejo enpleniĝis de mateno al vespero. Li fariĝis vera bonfaranto.

Amike li kliniĝis super lacaj laboristoj kaj palaj kudristinoj, kiuj fidis lin. Sperto kaj studado lin estigis baldaŭ rimarkinda specialisto. Tiel li vivadis ĝis la morto, tre modeste, tre malriĉe, for el ĉia lukso.[24] Per penado ĉiutaga la premantaj zorgoj malaperis. Sed ankaŭ maloftiĝis tempo libera por pli alta celo. Tamen lin konsolis tiu sento, ke l' ofero lia portas tujan helpon al homfratoj. Vespere li sidiĝis kaj reprenis plumon.

Verkado, tradukado, korespondado formanĝis grandan parton de la noktoj. La movado esperantista disvastiĝis tra la mondo malrapide, sed progrese. Kun amo li sekvadis la klopodojn de la novaj batalantoj:

... Vi en la urbo, vi en urbeto,
En la malgranda vilaĝo ...
Tre malproksime ĉiuj ni staras
La unuj de la aliaj.
Kie vi estas, kion vi faras,
Ho, karaj fratoj vi miaj?

Per tiu poemo _Al la fratoj_, kvazaŭ tra kristalo travidebla, ni povas rigardi ĝis fundo de lia koro, kiel ĝi batis en vespera silento pensante al la alia "rondo

24) Iam, en amerika urbego, post parolado pri verko de Zamenhof al junaj laboristoj, hebrea knabo el Varsovio min demandis: "Ĉu estas tiu sama Zamenhof la bonkora okulisto de la strato Dzika?"

familia".

Ankaŭ pri sia malriĉa klientaro de hebreaj laboristoj li pripensis ofte. Li mem hejme parolis nur pole kaj sin sentis homarano, sed la sorto de l' malfeliĉa gento priokupis lin.
Studento, li jam trovis en cionistaj rondoj tro da ŝovinismo.
Kontraŭa partio de la "asimilistoj" ankaŭ ne plaĉis al li. Per alia ŝovinismo ili anstataŭis la unuan. Laŭ ili la Hebreoj devus kaŝe forgesigi sian genton, fariĝante eĉ pli polaj ol la Poloj aŭ pli rusaj ol la Rusoj. Tio ŝajnis al li malveraĵo. Al lumo kaj sincero li celis.

Laŭ lia kredo la homoj ja bezonus nek fiere trudi, nek honte kaŝi sian gentan naciecon. Liberaj kaj sinceraj ili devus resti. Religio, hejma lingvo kaj deveno restu privataj aferoj.
En kelkaj landoj eklezio jam eksiĝis el la fakoj oficialaj. De nun ankaŭ apartiĝu ŝtato kaj patrujo.

Hebreoj estu bonaj kaj helpemaj civitanoj de tiu aŭ alia regno.
Ili ne sin tenu kiel fremdaj, sed ankaŭ ne kvazaŭ gentŝanĝuloj. Ili staru frate kaj egale kun aliaj sur neŭtrala fundamento de l' utilo al ceteraj. Hebreo en Varsovio ne bezonas fariĝi Polo aŭ Palestinano. Li estu simple honesta Pollandano. Tiel li povos resti

ankaŭ Hebreo kaj homarano, kio estas la plej grava. Lerno de neŭtrala lingvo internacia unuigus ĉiujn Hebreojn en la mondo, kaj samtempe ligus ilin sur egala bazo kun ĉiuj ceteraj gentoj.

Laŭ tiu senco Zamenhof publikigis libron en la rusa lingvo por atingi legantaron tra la tuta vasta imperio. Li ĝin subskribis "Homo sum" kaj elektis la titolon _Hilelismo_ laŭ la nomo de Hillel. Tiu fama klerulo de l' antikva Palestino vivis en Jerusalemo en la lastaj jaroj antaŭ Kristo. Plej aŭtoritata scienculo pri la Leĝo, li ĉiam klarigis ĝin _laŭ spirito_, dum Ŝammaj kaj lia skolo pasie defendis ĝin _laŭ litero_.
Dolĉa kaj humila karaktere, la maljuna pensulo predikis amon, pacon, kaj studadon. "Kio estas al vi malagrabla, tion ne faru al ceteraj", tiel li resumis la tutan instruadon. Laŭ Hillel, homo ne devus apartiĝi de l' ceteraj per ekstera sintenado. Ĉiu devus sin konsideri nur parto de l' tuto. Facile estas ja kompreni kiom tiaj pensoj allogis kaj influis Zamenhof.

Tamen lia _Hilelismo_ ne disvekis entuziasmon inter la Hebreoj en Ruslando. Al partioj ambaŭflanke ĝi malplaĉis. Ĝi estis tro idea. Ankaŭ ĝi ja kontraŭstaris interesojn politikajn. Por tion realigi, oni devus antaŭ ĉio rekoni egalecon inter gentoj.
Ĝis tiam la gvidantoj preferis agitadi por celoj pli facilaj. Al rabenoj la aŭtoro ŝajnis tro liberkredema.

El ĉiuj flankoj oficialaj venis nur kritikoj aŭ suspektoj. Nur malgranda nombro da spiritoj verserĉemaj lin komprenis kaj aprobis. La ŝovinistoj lin malŝatis. Denove li suferis pro la potenco de l' antaŭjuĝoj. Denove lin doloris soleco de l'animo. Sed la fido restis senŝancela. Super gentaj diferencoj homoj devas unuiĝi. Al si mem li rediradis la devizon, kiun li dediĉis al Esperantistaj samideanoj "Ni kion povos, ni faros":

Cent semoj perdiĝas, mil semoj perdiĝas ...
Ni semas kaj semas konstante.[25]

De 1900 al 1905 Esperanto progresadis pli rapide. En dek du landoj ekfondiĝis grupoj kaj gazetoj. En Francujo gravaj societoj ĝin subtenis. Aliĝis jam konataj scienculoj. La movado iĝis vasta. Tiam estis kunvokita en Boulogne-sur-Mer la unua kongreso de l' Esperantistoj.

Kun stranga timemo Zamenhof atendis tiun horon. Unue li hezitis, ĉu li eĉ veturos tien. Vojaĝo kaj elspezo estus grandaj.
Ankaŭ neniam li eliris mem publike. Li nesciis paroladi. Li timis la rigardojn de tiom da vizaĝoj novaj, nekonataj. Li sin ĝenis.

---

25) El poemo "La Vojo".

Fine li decidis tamen iri. Fidele demokrate, li submetiĝis al deziro de l' Esperantistaro. Iom tremante, li preparis legotan paroladon. Al samideanoj li ja diros la fundon de sia penso. Li klarigos la plej altan celon de l' afero komuna.

Kun edzino li vojaĝis. Vagono triaklasa kondukis ilin al Parizo.

Tie komenciĝis semajno por li tre timiga. En ĉefurbo la plej brila en la mondo lin atendis bruado kaj flatado. Urbestraro lin akceptis en la urbodomo. Ministro de publika instruado donis al li la ordenon de honoro. En la supro de Ejfela turo li tagmanĝis kun plej famaj scienculoj de Francujo.

Tra ĉiuj solenaĵoj li sin tenis tre modeste, iom ĝene, ĉiam delikate. Pezaj estis tiaj tagoj festoplenaj por viro ne mondana kaj restinta hejme dum longjaroj. Tamen li komprenis, ke ĝi helpas diskonigi Esperanton antaŭ la publiko. Tial li elportis ĉion pacience. Eĉ malfrue en vespero, tre laca, li akceptis tamen ĵurnalistojn scivolemajn. Al ĉiuj pacience li respondis, ne pri si, nur pri mondlingvo.

Skeptikaj Parizanoj eble trovis lin naiva. Eraris ili. Tre klare li travidis ĉiujn faktojn kaj evitis iluziojn. Li tre bone ja divenis, ke tuta la programo estis zorge aranĝita dank' al multpena klopodado de sindonemaj gasto kaj amikoj kiel Javal, Sébert, akademianoj, Bourlet, profesoro tre agema. Ĉi tio estis ebla, ĉar la franca registaro estis tiam oficiale pacifista.

Morgaŭ vento politika povus blovi el kontraŭa flanko kaj subakvigi ĉion "internacian" sub ondego ŝovinista. Tial estis prave, ekprofiti la okazon por vastigi Esperanton.

Sed la vera ĝojo lin atendis en Bulonjo. Tie li renkontos fratojn ĉiulandajn. Tie li troviĝos en "la rondo familia".

Trans ĉiuj stratoj de l' urbeto marborda balanciĝis verdaj flagoj kun la stelo de l' espero. Ĉirkaŭ la teatro kunveneja jam aŭdiĝis nur la lingvo internacia. Angloj kun flanela ĉapo, Francoj en solena frako, Poloj, Rusoj, Holandanoj en vojaĝa vesto, ĉarmaj Hispaninoj kun koloraj ŝaloj renkontiĝis sur la placo kaj babilis kune. Ili sin komprenis. Flue kaj facile flugis la paroloj. De lipoj al oreloj. De Svedoj al Italoj. Falis, falis muroj inter la popoloj.

Benite jam venis vespero. Sur la stratoj ekmallumis. En kongresejon ĉiu nun eniris por la malferma kunsido. Rapidis alkurantoj. El hoteloj. El haveno. El stacidomo rekte kun valizoj en la mano. La teatro de l' urbeto jam pleniĝis. Tro malgranda la ĉambrego. Milo da samideanoj premiĝis tie. De partero al balkono zumadis Esperanto. Preskaŭ neniu vidis jam Zamenhof. La plej multaj konis lin nur per la genia verko, per mallonga letereto, ame konservata en arĥivoj de la grupo, aŭ per portreto pendigita ĉe muro de l' sidejo. Ĉiu sciis ja parkere liajn versojn kuraĝigajn:

Tra densa mallumo briletas la celo
  Al kiu kuraĝe ni iras.
Simile al stelo en nokta ĉielo,
  Al ni la direkton ĝi diras.

En horoj malfacilaj de loka propagando, kiu ne ofte rememoris tiujn vortojn de _La Vojo_? Pri tiaj spertoj kunparolis aŭdantaro en plena salonego. Varmo vastiĝis sub lamparo.
Ekscita tremo ruliĝis tra l' amaso dum atendo....
Subite eksonis la muziko de l' himno _La Espero_:

En la mondon venis nova sento,
Tra la mondo iras forta voko ...

Samtempe ĉiuj ni stariĝis ... Jen sur scenejo, kun estraro de l' kongreso, eniris la amata Majstro. Malalta, timema, kortuŝita, kun frunto tre granda, rondaj okulvitroj, barbeto jam griza. Ĉio jam flugis aŭ svingiĝis en aero, manoj, ĉapoj, tukoj, en duonhora aklamado. Kiam li leviĝis post salutoj de l'urbestro, la fervoro retondregis. Sed jam li ekparolis. Ĉesis la bruado. Ĉiuj residiĝis. Tra silento sonis liaj vortoj:

"Mi salutas vin, karaj samideanoj, fratoj kaj fratinoj el la granda tutmonda homa familio, kiuj kunvenis el landoj proksimaj kaj malproksimaj, el la plej diversaj regnoj de la mondo, por frate premi al si reciproke la manojn, pro la nomo de granda ideo, kiu ĉiujn nin ligas....

"Sankta estas por ni la hodiaŭa tago. Modesta estas nia kunveno; la mondo ekstera ne multe scias pri ĝi, kaj la vortoj, kiuj estas parolataj en nia kunveno, ne flugos telegrafe al ĉiuj urboj kaj urbetoj de la mondo; ne kunvenis regnestroj nek ministroj por ŝanĝi la politikan karton de la mondo; ne brilas luksaj vestoj kaj multego da imponantaj ordenoj en nia salono, ne bruas pafilegoj ĉirkaŭ la modesta domo, en kiu ni troviĝas; sed tra la aero de nia salono flugas misteraj sonoj, sonoj tre mallaŭtaj, ne aŭdeblaj por la orelo, sed senteblaj por ĉiu animo sentema: ĝi estas la sonoj de io granda, kio nun naskiĝas. Tra la aero flugas misteraj fantomoj; la okuloj ilin ne vidas, sed la animo ilin sentas:
ili estas imagoj de l' tempo estonta, de tempo tute nova. La fantomoj flugos en la mondon, korpiĝos kaj potenciĝos, kaj niaj filoj kaj nepoj ilin vidos, ilin sentos kaj ĝuos ...

"Ofte kunvenas personoj de malsamaj nacioj kaj komprenas unu la alian; sed kia grandega diferenco estas inter ilia reciproka kompreniĝado kaj la nia! ... Tie la membro de unu nacio humiliĝas antaŭ la membro de alia nacio, parolas lian lingvon, hontigante la sian, balbutas kaj ruĝiĝas, kaj sentas sin ĝenata antaŭ sia kunparolanto, dum tiu ĉi lasta sentas sin forta kaj fiera; en nia kunveno ne ekzistas nacioj fortaj kaj malfortaj, privilegiitaj kaj senprivilegiitaj, neniu humiliĝas, neniu sin ĝenas; ni ĉiuj staras sur fundamento neŭtrala, ni ĉiuj estas plene egalrajtaj; ni ĉiuj sentas nin kiel membroj de unu nacio, kiel membroj de unu familio; kaj la unuan fojon en la homa historio ni, membroj de la plej malsamaj popoloj, staras unu apud alia ne kiel fremduloj, ne kiel konkurantoj, sed kiel fratoj, kiuj, ne altrudante unu al alia sian lingvon, komprenas sin reciproke, ne suspektas unu alian pro mallumo ilin dividanta, amas sin reciproke kaj premas al si reciproke la manojn, ne hipokrite kiel alinaciano al alinaciano, sed sincere, kiel homo al homo. Ni konsciu bone la tutan gravecon de la hodiaŭa tago, ĉar hodiaŭ, inter la gastamaj muroj de Bulonjo-sur-Maro, kunvenis ne Francoj kun Angloj, ne Rusoj kun Poloj, sed homoj kun homoj ...

"Post multaj miljaroj da reciproka surdamuteco kaj batalado, nun en Bulonjo fakte komenciĝas en pli granda mezuro la reciproka kompreniĝado kaj fratiĝado de la diverspopolaj membroj de la homaro; kaj unu fojon komenciĝinte, ĝi jam ne haltos, sed irados antaŭen ĉiam pli kaj pli potence, ĝis la lastaj ombroj de la eterna mallumo malaperos por ĉiam. Benata estu la tago, kaj grandaj estu ĝiaj sekvoj!"

Tiel paroladis Zamenhof. En liaj manoj la papero tremis. Li sentis fortegan emocion. Ĉu li povos legi plu? Io tamen puŝis lin. Kvankam nekutima je publika uzo, lia voĉo kreskis kaj fariĝis laŭta. Trans la paĝoj, iom febre turnataj, li ekvidis aŭdantaron. Viroj, virinoj, junuloj, kapoj blankharaj, vizaĝoj atentemaj, rigardoj konsentemaj. Regis varma silentego. Ili ĉiuj kvazaŭ tiris vortojn el lia buŝo. Li daŭris kun amo.

Li diris juste, kaj modeste. Li diris pri Ŝlejer, pli frua pioniro de l' ideo mondlingva. Jam li forgesis akrajn atakojn de li kaj de volapükanoj. Li diris nur pri la granda laborado de sia antaŭulo. Li petis la kongreson honori lian nomon. Li diris pri suferoj kaj espero de l' homaro, pri la sankta devo, pri l'estonteco de fratiĝo. Li diris pri l' unuaj batalantoj por la celo. Li diris pri l' oferoj de mortintoj. Li dankis al Einstein, Waŝniewski, Trompeter. La tuta aŭdantaro leviĝis pro saluto memora.

Profunda sento regis en la ĉambrego. Tenante la

paperon, Zamenhof ektremis pli videble ĉe la manoj. Ĉu li povos eldiri finon? Lia voĉo penis lastan forton:

"Baldaŭ komenciĝos la laboroj de nia kongreso, dediĉita al vera fratiĝo de la homaro. En tiu ĉi solena momento, mia koro estas plena de io nedifinebla kaj mistera, kaj mi sentas la deziron faciligi la koron per ia preĝo, turni min al iu plej alta Forto, kaj alvoki ĝian helpon kaj benon. Sed tiel same kiel mi en la nuna momento ne estas ia naciano, sed simpla homo, tiel same mi ankaŭ sentas, ke en tiu ĉi momento mi ne apartenas al ia nacia aŭ partia religio, sed mi estas nur homo. Kaj en la nuna momento staras antaŭ miaj animaj okuloj nur tiu alta morala Forto, kiun sentas en sia koro ĉiu homo, kaj al tiu ĉi nekonata Forto mi turnas min kun mia preĝo:

"Al Vi, ho potenca senkorpa mistero,
Fontego de l' amo kaj vero ...
Al Vi, kiun ĉiuj malsame prezentas,
Sed ĉiuj egale en koro Vin sentas ...
    Hodiaŭ ni preĝas.

"Al Vi ni ne venas kun kredo nacia,
Kun dogmoj de blinda fervoro;
Silentas nun ĉiu disput' religia
Kaj regas nur kredo de koro ...

"Ho, kiu ajn estas Vi, Forto mistera,
Aŭskultu la voĉon de l' preĝo sincera,
Redonu la pacon al la infanaro
De l' granda homaro!

"Ni ĵuris labori, ni ĵuris batali,
Por reunuigi l' homaron.
Subtenu nin, Forto, ne lasu nin fali,
Sed lasu nin venki la baron ...

"La verdan standardon tre alte ni tenos;
Ĝi signas la bonon kaj belon.
La Forto mistera de l' mondo nin benos,
Kaj nian atingos ni celon.

"Ni inter popoloj la murojn detruos,
Kaj ili ekkrakos kaj ili ekbruos
Kaj falos por ĉiam, kaj amo kaj vero
Ekregos sur tero."

Kiam residis Zamenhof, denove aklamata senfine,
multaj okuloj estis malsekaj. Tre simple, tre sincere
pasis horo, malfacile rakontebla. Io flugis en aero, ia
blovo eterniga. Ĉiufoje, kiam ĉeestinto rememoras tiun
horon, larmo brilas en rigardo lia.
Nova tempo ja naskiĝis tiam. Eĉ ne mondmilito povis
ĝin detrui.

Ho, kara naiveco de l' Bulonja tempo!
Naskiĝo nova de l' homaro kun odoro de lulilo.
Amikaro simpla kaj sincera. Manpremoj. Kompreniĝo
reciproka. Paroloj de modesta viro. Grandeco vera de
l' genio, vivanta per ligilo sur niaj lipoj. Spirito
potenca de l' animo pura. Kortremo de l'homiĝo
komuna. Ho, tremo de Bulonjo, sekvu min ĝis tombo!
...

Sur kampoj sangumitaj falis miloj el plej bonaj. Al
urboj kaj vilaĝoj blovis terurego. Diskrako. Funebro.
Mizero. Senfine krucoj lignaj. Dolore la restintoj levas
la okulojn. Kio morgaŭ?

Ho, semo de Bulonjo, kresku super tomboj!

제6장. 이상주의 예언자

어머니가 돌아가신 후 자멘호프의 형제는 아버지와 한층 가까워지게 되었고, 아버지의 마음도 한결 부드러워졌다. 아버지는 슬픔이 컸으므로 성격이 매우 민감해졌다. 이제 온 집안의 공통된 슬픔은 아들 딸 모두를 아버지에게 결합해 주었다. 슬픔과 사랑하는 고인에 대한 추억이 그들을 고인의 영과 사랑 속에 한데 묶어 주었다. 쓸쓸한 아버지의 생활을 즐겁게 해드리려고 그들 모두 노력하였다. 아버지는 그들의 가장 친근한 친구가 되었다. 그러기에 한때 보금자리에서 떠나갔던 그들은 되도록 빨리 바르샤바로 되돌아오기로 했다. 그들은 차례차례 아내와 자식들을 거느리고 서둘러 돌아와 다시금 일가의 단란 속에 자기 자리를 되찾았다.

루도비코도 1898년에 돌아왔다. 그와 그의 가족은 유대인이 거주하고 있는 빈민가인 딕카(Ulica Dzika) 가 9번지에 정착했다. 자멘호프는 1차 대전이 발발할 때까지 그곳에서 살았다. 안과의사로서 그는 아주 싼 값으로 진료를 시작했다. 환자들은 겨우 40코펙만을 지급하면 되었고, 어떤 사람들은 무료로 진료를 받기도 했다. 그러나 아무리 인색하다 해도 유대인은 빚지기를 싫어한다.

보통 안과의사들은 거액의 치료비를 받아 내어 호화로운 방에서 사치스럽게 살았다. 그래서 많은 사람은 눈병이 심해지거나, 심지어 장님이 되어도 치료받을 생각을 못 하고 있었다. 이제 민중의 의사가 새로 온 것이다. 자멘호프는 많은 사람에게 시력을 찾아주었다. 얼마 지나지 않아 그의 대기실은 아침부터 저녁까지 환자로 가득 찼다. 그는 진정한 시혜자가 되었다.

자멘호프는 그를 신뢰하는 지친 노동자와 창백한 품삯 바느질꾼을 자애롭게 보살폈다. 경험을 쌓고 연구를 거듭하여 그는 곧 저명한 전문의가 되었다. 그는 그렇게 죽을 때까지 사치를 모르고[26] 매우 검약하고 가난하게 생활했다. 나날의 거칠고 고된 일로 다급한 걱정은 차츰 줄어들었다. 반면에 고매한 목적에 이바지할 시간적인 여유는 거의 없어져 갔다. 그래도 그는 자기희생이 형제나 다름없는 사람들에게 직접적인 도움이 되고 있다는 생각으로 자신을 위로했다. 저녁이면 그는 앉아서 다시금 펜을 들곤 했다. 저술과 번역과 편지쓰기로 밤을 거의 지새워 버렸다.

에스페란티스토의 운동이 전 세계에 천천히 꾸준히 번지고 있었다. 깊은 애정을 가지고 새로운 투사들이 노력하는 모습을 지켜보았다.

당신은 도시에, 당신은 읍에, 그리고 당신은 조그마한 시골에…
우리는 모두가 서로서로
멀리 떨어져 있다.
당신은 어디서 무엇을 하고 있는가?
아아, 나의 사랑하는 형제들이여!

「형제들에게(Al la fratoj)」라는 시에서 우리는 다른 '한 가정의 사람들'을 생각하며 저녁의 고요 속에서 뛰고 있는 그의 내면 깊은 곳을 마치 투명한 수정을 통해 들여다보듯 볼 수 있다.

그는 때때로 그의 불쌍한 환자, 유대인 노동자를 생각하기도 했다. 그는 집에서는 폴란드말만을 사용하고 자기 자신을 homarano(한 사람의 인류)라고 생각했지만, 불행한 자기 민족의 운명은 항상 근심거리가 되었다. 학창 시절 그는 시온주의자 운동에 너무 지나친 배타주의가 있음을 발견했다. 그 반대파인 '동화주의자'도 그를 달갑게 보진 않았다. 그들은 다른 의미에서 또 하나의 배타주의를 취하고 있었다. 그들의 견해에 따르면 유대인은 국적을 숨겨야 했고, 폴란드인보다 더 폴란드인답게, 러시아인보다 더 러시아인답게 되어

---

26) 나(에드몽 쁘리바—역자주)는 언젠가 미국 어느 도시에서 근로 소년들에게 자멘호프의 저작에 관한 강연을 한 적이 있다. 강연을 마치자 바르샤바에서 온 한 유대인 소년이 나에게 물었다. "혹 그분이 딕카 가의 마음씨 고운 안과의사 자멘호프 아저씨와 같은 분이 아니에요?"

야 했다. 자멘호프에게는 그것이 옳지 않다고 생각되었다. 그는 광명과 성실을 신조로 삼고 있었다.

자멘호프는 사람들이 자기네 민족성을 과시할 필요도, 부끄러워 숨길 필요도 없다고 믿고 있었다. 자유롭고 성실하면 그것으로 충분한 것이다. 종교와 국어와 혈통은 개인적인 것이어야 한다. 몇 나라에서는 교회가 이미 세속과 분리되어 있었다. 이제부터는 국가와 민족도 별개의 것이 되어야 한다.

유대인으로 하여금 각기 어느 한 나라에서 선량하고 협력적인 시민이 되게 하라. 그들은 이방인과 같이 행동할 필요도 없고, 또 귀화한 사람처럼 행동할 필요는 더더구나 없다. 그들이 상호 이익이 되는 중립적인 기초 위에 다른 사람과 형제로서 동등한 입장에 서게 하라. 바르샤바에 사는 유대인이 폴란드인이거나 팔레스타인인일 필요는 없다. 그는 그저 폴란드의 정직한 시민이기만 하면 되는 것이다. 그는 유대인인 동시에 인류인이기도 한 것이다. 이것이 가장 중요하다. 또 세계의 모든 유대인이 중립적인 국제어를 배워 하나로 결합할 것이고 동시에 모든 민족과 대등하게 결속할 것이다.

이와 같은 의미에서 자멘호프는 러시아로 책을 내어 광대한 제국 곳곳의 독자를 공감케 하였다. 그는 그 책에 Homo Sum이라고 서명하고 제명을 힐렐(Hillel)의 이름을 따서 힐렐리즘(Hillelism)이라 하였다. 고대 팔레스타인의 이 유명한 학자는 서력기원 바로 전에 예루살렘에 살았다. 그는 율법에 관한 가장 권위 있는 학자로서 샴마이(Sammai)와 그의 학파가 문리해석을 맹렬히 주장했을 때, 그는 항상 '정신에 따라' 율법의 본의를 갈파하였다. 온화하고 겸허한 이 연로한 사상가는 사랑과 평화와 연구를 가르치며 설명하였다. "자기 자신에게 불쾌한 일을 남에게 하지 말라." 그것으로 그는 자기의 가르침을 요약하였다. 힐렐에 의하면 인간은 외부 행동으로 다른 사람과 구별되어서는 안 된다. 각자는 자신을 전체의 일부분으로 생각하여야 한다. 그러한 생각이 자멘호프를 얼마나 매료시키고 영향을 주었는지 알기는 어렵지 않다.

그러나 그의 힐렐리즘이 러시아에 있는 유대인 사이에 열정을 일깨우지는 못했다. 어느 파에도 그것에 대해서는 불평이었다. 그것은 너무나 이상적이었다. 더욱이 그것은 정치적인 권익에 배치되었다. 그것을 실현하기 위해서는 우선 민족 간의 평등성을 인정하여야 했다. 그런데 지금까지 지도자들은 더욱 안일한 목적을 위한 선동에만 급급해 왔다. 유대인 랍비에게는 자멘호프가 지나친 자유신앙가로 보였다.

관헌 계통에서는 모두 비난과 의심만을 보내왔다. 극소수의 진리를 탐구하는 자만이 자멘호프를 이해하고 인정하였을 뿐이었다. 배타주의자는 그를 싫어했다. 또다시 그는 선입견으로 인하여 고통을 받아야 했다. 그러나 그의 신념만은 불요불굴(不撓不屈)이었다. 인간은 민족에 구별 없이 단합되어야 한다. 자멘호프는 에스페란토 동지에게 바친 신조를 그 자신에게 되뇌곤 했다. "우리가 할 수 있는 것을 우리는 할 것이다."

백의 씨앗이, 천의 씨앗이
소용없다 해도
우리는 끊임없이 뿌리고 또 뿌리리라.[27]

1900년부터 1905년 사이에 에스페란토는 한층 급속한 성장을 이루었다. 12개국에서 그룹이 형성되고 잡지가 창간되었다. 프랑스에서는 중요단체들이 에스페란토 운동을 후원했고 저명한 학자들이 참여했다. 운동은 확대되어 갔다. 마침내 최초의 에스페란토대회가 프랑스 불로뉴쉬르메르에서 소집되었다.

야릇하게 우려되는 마음으로 자멘호프는 그 시간을 기다렸다. 처음에는 거기에 가야 할지 어떨지조차 망설였다. 가게 되면 오래 걸릴

---

27) 시 「길」에서

것이고 여비도 엄청날 것이기 때문이다. 게다가 그는 연설할 줄도 몰랐고 자기가 수많은 낯선 사람에게 주시받는다는 것이 두려웠다. 불안스러웠다.

결국, 자멘호프는 가기로 했다. 끈질기고 충실한 그는 에스페란티스토의 요청에 승복했다. 약간은 걱정이 되는 터라 그는 연설 원고를 준비했다. 자멘호프는 동지에게 그의 지론의 기본을 말하려 했고, 그들에게 공동과업의 가장 고귀한 목적을 보여줄 참이었다.

그는 아내와 함께 파리행 3등 열차를 타고 출발했다. 그로서는 무섭기까지 한 한 주일이 시작되었다. 세계에서 가장 화려한 수도에서 그를 기다리고 있는 것은 격려와 찬사였다. 시의회는 그를 시청으로 영접했다. 문교부 장관이 그에게 레지옹 도뇌르 훈장(최고 명예 훈장)을 수여했다. 자멘호프는 에펠탑 정상에서 프랑스의 가장 유명한 학자들과 오찬을 같이 하였다. 이 모든 의례적인 절차를 통하여 그는 얼마간 당황했지만, 언제나 재치있고 겸손하게 처신하였다. 축제의 날들은 수년간 집을 떠나 보지 않은 사람에게는 답답한 것이었다. 그러나 자멘호프는 그것이 에스페란토를 대중에게 알리는 좋은 기회가 되리라 생각하고 모든 것을 참을성 있게 견디어 냈다. 밤이 늦어 피로했어도 그 극성스러운 기자들을 맞아들였다. 그는 여러 기자의 질문에 성의있게 답변했다. 자기 자신에 대해서가 아니라 에스페란토에 대해서만 대답했다.

회의적인 파리 사람들은 그를 고지식하다고 생각했을 것이나 그것은 잘못이었다. 자멘호프는 모든 것을 매우 명료하게 통찰하고 있었고, 환상은 피하고 있었다. 그는 행사 계획 전체가 아카데미 회원인 자발느(Javal), 쉐베르뜨(Sébe-rt), 정력적인 교수 부레뜨(Bourlet) 등 헌신적인 동료의 정성 어린 노력으로 세심하게 준비되었다는 것을 잘 알 수 있었다. 당시 프랑스 정부는 공식으로 평화주의적이었으므로 행사는 모든 것이 가능했다. 그러나 당장이라도 정치 바람이 반대 방향으로부터 불어와 국제적인 모든 것을 국수주의의 격랑 아래 가라앉힐지도 모를 일이었다. 따라서 에스페란토를 보급하기 위해서는 그 기회를 이용하는 것이 당연하였다.

그러나 진정 기쁜 일은 불로뉴에서 기다리고 있었다. 거기에서 자멘호프는 각국에서 모여든 형제들을 만날 것이고, '가족적인 모임' 속에 흠뻑 몰입할 수 있을 것이다. 해변 도시의 거리 거리에는 희망의 별을 단 초록 깃발들이 물결치고 있었다. 회합 장소인 극장 주위에는 이제 국제어 외에는 들을 수 없었다. 플란넬 모자를 쓴 영국인과 연미복으로 단장한 프랑스인, 여장(女裝)한 폴란드인과 러시아인과 네덜란드인, 선명한 색채의 숄을 두른 매력적인 스페인 부인들이 모두 광장에서 만나 이야기를 하고 있었다. 그들은 서로의 말을 알아듣고 있었으며, 말은 쉽고 유창하게 입에서 귀로, 스웨덴 사람에게서 이탈리아 사람에게로 흘러나갔다. 민족 간의 장벽은 진정 무너져 내리고 있었다.

축복 속에 날은 저물어 거리는 차츰 어두워지고 있었다. 모두 개회식 참석차 극장으로 들어서고 있었다. 서둘러 달려오는 자도 있었다. 호텔에서, 항구에서, 또는 역에서 곧장 가방을 든 채로 달려왔다. 극장은 이미 가득 차 있었다. 청중석은 너무 비좁았고 1000여 동지가 그곳을 꽉 메웠다. 1층에서 2층으로 에스페란토는 소란스레 울려 나오고 있었다. 거의 아무도 아직 자멘호프를 본 적이 없었다. 사람 대부분은 다만 그의 천재적인 작품에 의해 그를 알고 있었거나 그들의 지방 단체의 문서 보관소에 소중히 보관된 짧은 편지로, 혹은 집회실의 벽에 걸려 있는 초상을 보고 알 뿐이었다. 누구든지 용기를 북돋아 주는 그의 시를 마음속으로 외우고 있었다.

깜깜한 어둠 속에서 우리의 목적은 빛나고
그곳으로 우리는 힘차게 나아가네.
밤하늘의 별처럼
우리에게 그것은 방향을 알려주네.

지역 보급 운동이 어려운 순간이면 누군들 「길(La Vojo)」에 등장하는 이 구절을 가끔 기억해 내지 않은 사람이 있었던가. 넓은 홀을 가득 메운 청중은 그러한 경험에 관한 이야기를 나누고 있었다. 열정이 불빛 아래로 파묻되어 가고 있었다. 기다리는 청중 사이에서 격앙된 흥분이 소용돌이쳤다. 갑자기 희망(La Espero)의 찬가가 울려 나왔다.

세계에 새로운 격정이 도래하도다.
방방곡곡에 힘찬 소명의 소리 울려 퍼지니….

모두가 하나같이 일어섰다. 사랑하는 스승이 대회 간부들과 같이 연단으로 나오고 있었다. 작은 키에 안절부절못하여 마음 깊이 감동된 자멘호프는 이마가 넓고 둥근 안경을 끼었고 벌써 턱수염은 잿빛이었다. 손과 모자와 손수건이 반 시간 동안이나 계속된 환호 속에 공중에 휘날렸다. 시장의 인사가 끝나고 자멘호프가 일어섰을 때 열광적인 환호가 다시 터져 나왔다. 자멘호프가 말을 꺼내기 시작하였다. 소란이 멎었다. 모두 다시 자리에 앉았다. 침묵 속에 그의 말이 진동하고 있었다.

"친애하는 동지 여러분, 안녕하십니까? 전 세계의 거대한 인간 가족의 형제자매 여러분, 여러분은 멀고 가까운 나라에서, 그리고 지구상의 여러 나라에서, 우리 모두를 결속하는 커다란 이념 아래 서로서로 형제처럼 손을 맞잡기 위해 지금 여기에 오셨습니다.
이날은 우리에게 신성한 날입니다. 우리의 모임은 조촐한 것이요, 바깥 세계에서는 별로 알지 못하는 일입니다. 그리고 우리의 모임에서 사용되는 말도 전파를 통해 세계 모든 도시와 마을로 퍼지지도 못할 것입니다. 세계의 정치적 판도를 수정하려고 각국 원수나 장관이 모인 것도 아닙니다. 현란한 의상과 수많은 훈장이 우리의 식장에 빛나고 있지도 않고, 우리가 있는 이 아담한 건물 주위에서는 대포 소리도 들리지 않습니다. 그러나 이 강당의 대기 속에는 신비로운 울림이, 너무 낮아 들리지 않지만 모든 마음에 민감하게 느껴지는 매우 부드러운 울림이 떠다니고 있습니다. 그것은 지금 바야흐로 생명을 얻으려는 위대한 무엇인가의 울림입니다. 대기 속에는 신비한 정령이 떠다니고 있습니다. 눈에는 보이지 않지만, 마음으로는 그것이 있음을 압니다. 그것들은 미래의, 정녕 새로운 시대의 표징입니다. 이 정령들은 온 세상으로 날아가 형태와 힘을 갖출 것이며, 우리의 자손은 그것을 볼 것이고 느낄 것이며, 누릴 것입니다.

서로 다른 민족의 사람이 가끔 만나서 서로를 이해하곤 합니다. 그러나 그들이 서로 이해하고 있는 것과 우리가 지금 이해하고 있는 것 사이에는 얼마나 엄청난 격차가 있습니까? 그곳에서는 어떤 한 민족의 사람이 다른 민족의 사람 앞에 비굴하게 굴며 자기 언어를 부끄럽게 여겨 남의 언어를 사용합니다. 이 편은 더듬거리며 얼굴을 붉히고 어색하게 여기지만, 다른 편은 득의양양한 태도로 자랑스러워합니다. 그러나 우리의 모임에서는 민족이 강하고 약하고가 없으며, 특권을 가진 쪽이 따로 없고 아무도 비굴하게 굴지 않고 아무도 어색해하지 않습니다. 우리는 모두 중립적인 기반 위에 서 있으며 모두 동등한 권리를 가지고 있습니다. 우리는 모두 한 민족의 일원이요, 한 가족의 일원임을 느끼고 있습니다. 인류 역사상 최초로 우리는, 가장 많은 나라에서 모여 와 서로 이방인이나 경쟁자로서가 아니라 오직 형제로서 마주 서서, 서로 자기네의 언어를 고집하지 않고 서로 이해하며, 또한 서로 가로막는 어둠으로 인해 서로 의심의 위선적인 태도로서가 아닌, 인간 대 인간의 진실한 마음으로 서로 손을 마주 잡고 있습니다. 우리는 이날의 중요성을 잘 인식합시다. 왜냐하면, 오늘 불로뉴쉬르메르의 너그러운 벽 안에서 우리가 만나고 있는 것은 프랑스인과 영국인이 아니고, 또한 러시아인과 폴란드 사람이 아닌, 단지 인간과 인간이기 때문입니다.

서로 듣지도 말하지도 못하고 서로 싸우기만 하며 수천 년이 지난 지금, 불로뉴에서는 실제로 인류 각개 민족의 성원이 서로 참된 이해와 우애의 기치를 들어 올리기 시작했습니다. 한번 시작된 이상 그것은 암흑의 마지막 그림자가 사라질 때까지 절대 중단하지 않을 것입니다. 아니 오히려 더욱더 전진할 것입니다. 이날에 축복이 있기를 빕니다. 그리고 결실도 위대하기를 아울러 비는 바입니다."

자멘호프는 그렇게 말했다. 손에 든 원고가 떨렸고, 걷잡을 수 없는 감정이 그를 사로잡았다. 더 읽을 수가 없을 것 같았다. 그러나 무엇인가 그에게 박차를 가해 주는 것이 있었다. 여러 사람 앞에서는 익숙하지 않았지만, 그의 목소리는 차츰 크고, 차츰 강렬해 갔다. 다소 열정적으로 젖힌 원고지 너머로 자멘호프는 그의 청중을 바라보기 시작했다. 남자, 여자, 젊은이, 그리고 주의 깊게 경청하는 얼굴, 공감하는 시선…. 침묵이 흐르고 있었다. 마치 그들 모두 그 말을 그의 입으로부터 유도해 내는 듯했다. 그는 애정 깊게 말을 계속했다. 자멘호프는 정중하고 겸손하게 말하였다. 그는 세계어 사상의 선구자인 슐라이엘에 대해서 말했다. 그는 슐라이엘이나 볼라퓌카노의 날카로운 비방을 잊은 지 오래되었다. 자멘호프는 그 선구자의 위대한 업적에 관해서만 말했다. 그는 대회가 슐라이엘의 이름을 명예롭게 해 줄 것을 요망했다. 자멘호프는 인류의 고난과 희망에 대해서, 우리의 신성한 의무에 대해서, 우애로 뭉친 미래에 관해서 이야기했다. 자멘호프는 또한 그 목적을 위해 분투했던 최초의 전사에 관해 이야기했다. 죽은 사람의 희생에 관해서도 이야기했다. 아인슈타인과 와쉬니프스키와 트롬피터에게 감사를 드렸다. 청중은 전원 기립하여 그들에 대한 경의를 표했다. 회의장은 깊은 감격에 휩싸였다. 자멘호프의 손은 그가 원고지를 들었을 때 더욱 눈에 띄게 떨리고 있었다. 그는 과연 무사히 끝낼 수 있을는지! 그의 목소리는 최후의 힘을 내고 있었다.

"머지않아 인류의 진실한 우애에 바쳐진 우리 대회의 사업이 시작될 것입니다. 이 엄숙한 순간에 나의 마음은 무언가 신비하고 형언할 수 없는 것으로 가득 차 있습니다. 나는 나의 마음을 기도로 진정시키고 싶고 무언가 '가장 숭고한 힘'을 향해 도움과 은혜를 호소하고 싶습니다. 그러나 내가 지금 이 순간 어느 민족의 일원이 아니고 그저 한 인간에 지나지 않는 것과 같이, 나는 지금 어느 민족의, 혹은 어느 유파의 종교에도 속하지 않으며 단지 그저 한 평범한 인간이라고 생각하고 있습니다. 이 순간 내 마음의 눈앞에는 모든 사람의 마음속에서도 느껴지고 있는 저 숭고한 정신적인 '힘'만이 있을 따름이며, 그래서 나는 이 미지의 '힘'에 기도를 드리고자 합니다."

그대, 오 강대한 무형의 신비여!
사랑과 진리의 대원천이여!
사람들은 그대를 갖가지로 그려 보지만

마음속에서는 모두가 똑같이 느끼는 그대…
오늘 우리는 기도하노라.

그대에게 우리는 민족적 편견으로 오지 않았노라.
맹목적 열정 때문에 독단을 가지고 오지도 않았노라,
지금은 종교적인 여론도 잠잠해지고
오직 마음의 믿음으로 가득 차 있을 뿐이다.

오, 신비의 힘이여! 그대가 어떤 존재이든
이 성실한 기도에 귀를 기울이라.
이 거대한 인류의 어린이에게 평화를 돌려다오!

인류의 재결합을 위하여
우리는 일하고, 싸우겠다고 맹세했노라.
우리를 받들어다오. 힘이여, 우리가 쓰러지지 않도록
우리가 장벽을 부수게 해다오.

초록 깃발을 우리는 한층 높이 게양하리니
그것은 선과 미를 뜻하고 있도다.
세계의 신비로운 힘은 우리를 축복하여
우리는 우리의 목적을 달성하리라.

우리는 민족 간의 장벽을 타파할지니
장벽은 깨어져 소리를 내며
영원히 무너질 것이요, 사랑과 진실이
세상을 지배하리라.

자멘호프가 자리에 앉자 환호의 박수가 다시 터져 나왔고 많은 사람
의 눈시울은 젖어 있었다. 시간은 매우 단순하고, 매우 진실하고, 표
현하기 어려운 상태 속에서 흘러갔다. 대기 속에는 뭔가 영원한 생
명의 호흡 같은 것이 감돌고 있었다. 그 대회에 참가했던 사람들이
그 시간을 회상할 때면 언제나 눈에 눈물이 반짝인다. 실로 획기적인
신기원이 그때 이룩되었다. 세계대전도 그것을 파괴할 수는 없었다.
오, 불로뉴의 그 사랑스러운 순진무구함이여! 요람의 방향(芳香)과
함께 인류가 새롭게 태어났다. 소박하고 진실한 일단의 친구는 악수
하고 서로 이해하였다. 겸허한 사람의 연설, 우리의 입술 위에 살아
있는 천재의 참된 위대성, 순박한 정령의 힘 있는 정신, 우리는 우
리가 똑같은 인류라는 인식으로 모두 감동하였다. 오, 불로뉴의 감
격이여, 영원히 우리와 함께 있으라!
피로 얼룩진 전쟁터에서 이제까지 수많은 고귀한 생명이 쓰러져 갔

다. 도시에서 시골에서 공포의 회오리가 휩쓸었다. 파괴, 슬픔, 비참, 수 없는 나무 십자가들, 살아남은 자들은 고통스럽게 눈을 치뜬다. 내일은 어떻게 될 것인가?

오, 불로뉴의 씨앗이여, 그 묘지들 위에서 자라나기를!

ĈAPITRO VII. Homarano

Ekstere la Bulonja Kongreso estis antaŭ ĉio festo propaganda. Tamen pri vastiĝo de la lingvo, la kunsidoj oficialaj okazigis interesan diskutadon. Flue kaj facile sonis argumentoj kaj respondoj de la parolantoj. Sur neŭtrala fundamento ĉiu sentis sin egala kaj libera. Kiel ĉiujn kongresanojn tio tre impresis Zamenhof. Reveninte Varsovion, li kunportis feliĉegan sperton, ne nur lingvan, sed moralan:

"Kiu aŭdis la multnombrajn parolojn kaj diskutojn, kiu vidis tiun plenan senĝenecon kaj kortuŝantan fratecon inter ĉiuj partoprenantoj de la kongreso, tiu al si mem ne kredis, ke ĉiuj tiuj homoj ankoraŭ hieraŭ estis tute fremdaj unuj al la aliaj, ke ilin unuigis nur neŭtrala lingvo ..., ke ĝia facila lernado faris miraklon, kaj deŝirante neniun de lia natura patrujo, lingvo, aŭ religianaro, donis al homoj de plej diversaj gentoj kaj religioj la eblon vivi inter si en la plej paca kaj sincera frateco."[28]

La revo, li pensis, estas do plenumebla, kaj efektive la lerno de mondlingvo montriĝis unua paŝo plej efika.

---

28) El la broŝureto _Homaranismo_ de Zamenhof, eldonita sen subskribo, Peterburgo 1906.

Dum vintro la proksimaj faktoj alportis sovaĝan kontraston, elokventan per si mem. Rusa kaj japana imperioj militis inter si. Dume la popoloj en Ruslando komencis ribeli kontraŭ carisma regado. Amaso da malriĉaj laboristoj antaŭ la palaco peterburga petis pri elementaj rajtoj politikaj. La gvardianoj sur ĉevaloj ricevis ordonon ekpafi. Viroj, infanoj, virinoj ruliĝis sur neĝo sangante.

En okcidentaj kaj sudaj provincoj la ribelo fariĝis jam nacia.

Letoj, Ukrajnoj, Kaŭkazanoj ekbatalis por libereco patruja. Por represi la danĝeron, la registoj uzis la metodon tradician:

"_Divide ut imperes_". Konkurencon inter gentoj ili tuj profitis, kaj akrigis la disputojn per agentoj specialaj. Tiel nomita "Nigra mano" estis fako tiucela ĉe polico. Al diversaj urboj ĝi eksendis bandojn, kaj incitis al pogromoj. En Varsovio polaj socialistoj tion malpermesis per armita junularo gardanta ĉiujn stratojn. Teruro ja minacis. En litva lando kaj Odeso estis pli facile. Tie loĝas la Hebreoj en tre grandaj nombroj. Frakaso de l' butikoj, rabado kaj buĉado sonis baldaŭ. En Kaŭkazo okazis same inter gentoj alinomaj, Rusoj kaj Georgoj, Tataroj kaj Armenoj.

Abomena vidaĵo. Kiel malsama je bulonja! Korpremite, Zamenhof sentis sian devon fari novan elpaŝon. La

- 116 -

gentoj lernu sin defendi kontraŭ tiaj ruzoj. Ili lernu liberiĝi de malamo, evitante senutilan konkuradon. Kion li proponis al Hebreoj sub titolo _Hilelismo_, li decidis igi taŭga ĝenerale.

Al ĉiuj homoj li sin turnos nun egale kiugentaj. Krom nacianoj, ili devus senti sin homaranoj. Tial _Homaranismo_ estis la titolo de la broŝureto, presita sen aŭtora nomo en Peterburgo 1906.[29] Ĝi enhavis novan instruon pri la rilatoj inter hejmo, gento kaj homaro. Deklaro el dek du paragrafoj formis la kredaron.

Antaŭparolo mallonga ĝin klarigis:

"La homaranismo estas instruo, kiu, ne deŝirante la homon de lia natura patrujo, nek de lia lingvo, nek de lia religianaro, donas al li la eblon eviti ĉian malverecon kaj kontraŭparolojn en siaj nacia-religiaj principoj kaj komunikiĝadi kun homoj de ĉiuj lingvoj kaj religioj sur fundamento neŭtrale homa, sur principoj de reciproka frateco, egaleco, kaj justeco."

La antaŭparolo aludis la sperton de l' bulonja kongreso, kiel pruvon, ke tia frateco estas ebla. Ĝi tamen atentigis, ke oni ne devas intermiksi homaranismon kun esperantismo:

---

29) Ĉe D.P. Veisbrut, Troickij prospekt, n-ro 14.

"Ambaŭ ideoj estas tre parencaj inter si, sed ne identaj. Oni povas esti bonega esperantisto, kaj tamen kontraŭulo de la homaranismo."

Nur tial Zamenhof ne publike subskribis la libreton, ĉar li volis eviti konfuzon. Tiu ŝajna malkuraĝo lin tre suferigis. En 1912 li publike formetis de si ĉiun oficialan rolon en la aferoj de Esperanto por gajni plenan liberecon, kaj de poste li metis sian nomon sur la novaj eldonoj de l' broŝuro.

En Orienta Eŭropo ekzistas inter gentoj du ĉefaj elementoj de malsamo kaj malamo: lingvo kaj religio. Poloj estas katolikaj, Hebreoj izraelanaj; Letoj estas luteranaj, Rusoj ortodoksaj; Armenoj estas kristanaj, Tataroj mahometanaj. La diferencon gravigas ne nur aparta parolo, sed konkura kredo. En literaturo kaj eklezio kuncentriĝas la naciaj sentoj. Tial en punktaro Zamenhofa staras du ĉefaj partoj: unu lingva-politika, alia religia.

En sia hejma vivado ĉiu parolu sian gepatran lingvon laŭplaĉe, sed li ne trudu ĝin al homoj aligentaj, por ne ĝeni aŭ ofendi ilin. En okazo de kunveno li uzu neŭtralan esprimilon, kiel Esperanto. Kun siaj samkredantoj li sekvu tiujn religiajn morojn, kiujn li deziras tradicie aŭ elekte, sed kun homoj alikredaj li kondutu nur laŭ tiu ĉi principo: "Agu kun aliaj tiel, kiel vi deziras ke aliaj agu kun vi".

Same kiel, ĉe parola fako, internacia lingvo prezentas neŭtralan fundamenton por senĝena renkontiĝo kaj fratiĝo, tiel ankaŭ io simila devus ekzisti sur la kampo religia. Sub la nomo "Dio" aŭ sub alia la homaranoj komprenu tiun Forton neklarigeblan, sentatan de multaj kiel kaŭzo de kaŭzoj en la mondo materia kaj morala, aŭ de kelkaj nur en la morala. Neniam ili malamu, moku aŭ persekutu iun pro tio, ke lia kredo pri tiu Forto estas alia ol tiu, kiun ili preferas. Same estas kruda barbareco riproĉi iun ajn pri lia lingvo aŭ deveno. Ili konsciu, ke la veraj ordonoj religiaj kuŝas en la koro de ĉiu homo sub la formo de konscienco, kaj ke la ĉefa estas la estimo kaj helpemo reciprokaj. La ceteron en religio ili rigardu kiel aldonojn, laŭ unu, devigajn por li diroj de Dio, laŭ alia, komentariojn donitajn de l' grandaj instruintoj de la homaro, laŭ tria, miksaĵon de instruoj kaj legendoj aŭ moroj starigitaj de homoj. Ĉefe tiuj moroj akrigas diferencojn.

Tra vitroj diverskoloraj la homoj vidas unu saman Forton. Liberaj povas esti predikoj propagandaj. Sed neniam homaranoj _trudu_ la gentan koloron de sia vidaĵo al ceteraj. Filozofe la instruitaj personoj jam ofte toleras, se ne respektas, la malsamajn kredojn de aliaj inteligentuloj; sed pri kutimoj la konflikto estas multe pli grava.

Tial Zamenhof insistis pri neŭtrala fundamento _mora_, ne nur idea. Ĉiutaga vivado en Eŭropo orienta montras la neceson de vidpunkto praktika. La faktoj ĝin postulas. Saluto aŭ ne saluto je ŝtonkrucoj ĉe publikaj vojoj. Oficiala trudo de Sabato aŭ Dimanĉo kiel deviga festotago. Havo aŭ nehavo de longa barbo. Ĵuro sur Biblio aŭ per levo de la mano. Atesto kun ĉapo aŭ sen ĉapo sur la kapo. Ĉio simila povas ŝajni tre ridinda okcidente. Ĝi tamen kaŭzis oriente batalojn dum centjaro. Ĝi tuj ĵetas sur la lipojn nomon gentan, kvazaŭ insulton.

Eĉ deklaroj estas gravaj, ne nur moroj kaj ideoj. En Galicio, juda lingvo estis leĝe nemontrebla kiel la gepatra en deklaroj oficialaj. Hebreoj devis enskribiĝi anoncante ĉu polan, ĉu germanan, aŭ ukrajnan lingvon kiel sia. Nur per religioj oni povis do kalkuli la diversgentanojn: Izraelanoj = Hebreoj, Romaj katolikoj = Poloj, Grekaj katolikoj = Ukrajnoj, Protestantoj = Germanoj. Eĉ se ili forlasis jam de longe la prapatran kredon, ĉiuj sin enskribis laŭ la genta religio, pro la nombro.
Vidpunkto nur nacia kun celo statistika-politika!

Tial Zamenhof preparis neŭtralan fundamenton ankaŭ per zorgo rimarkinda pri deklaroj: Homaranoj kutimiĝu je sincero. Sur lasta paĝo de l' broŝuro staris preta respondaro por laŭvolaj aliĝantoj. Jenaj fakoj apartiĝas: hejmo, patrujo, gento devena, lingvo gepatra, lingvo persona, religio laŭkreda. Nur tia demandaro ebligus ĉiun diri plenan veron, ne perfidante suferantajn samgentanojn.

Gepatra lingvo Zamenhofa estis rusa, persona estis pola. Lia gento estis la hebrea, lia religio liberkreda. Tion li povus ja konfesi sur enskribilo homarana. Sed, se li metus tion sur pasporton imperian, li estus kalkulata tuj en unu partio nacia.
Kun Rusoj, premantoj de Polujo, aŭ kun Poloj kontraŭ la Hebreoj.

Tial homarana formularo proponas ja modelon tre praktikan por estontaj demandaroj oficialaj de regna recenzado. Same preskaŭ ĉiuj dek du punktoj de l' broŝuro povas celi du efikojn.
Unuflanke tuja gvido al konduto individua. Aliflanke rekta montro por leĝaro pli justa inter homoj. Dek kvar principoj noblaj de Wilson nur montris al regantaj diplomatoj tion, kion ili devus fari. Se falus la konsento, la principoj falus kune. Ŝiraĵoj de l' papero disflugus sur la tablo verda. Nacioj ilin kaptus, kaj ĉiu svingus sian pecon por justigi novan ekbatalon.

Dume, programo Zamenhofa povas tuj gvidi homojn, kaj influi poste leĝfarantojn. Liaj dek du punktoj povas semi nur pacigon:

Rigardu la homaron kiel unu familion. Tiu idealo regu viajn agojn. Juĝu ian homon ne laŭ gento, sed laŭ agoj. Lando apartenas, ne al unu gento, sed al ĉiuj la loĝantoj. Ne trudu vian gentan lingvon, nek la kredon, al ceteraj homoj. Metu la nomon "homo" super la naciaj. Patriotismo estu nur servado al regiona komunumo de homfratoj, neniam malamo al ceteraj. Lingvo estu ne celo, nur rimedo. Uzu neŭtralan lingvon kun aligentuloj. Via kredo religia estu ne hereda, sed sincera. Kun alikredaj homoj agu laŭ etiko neŭtrale-homa kaj helpema. Kun homaranoj vi kulturu sentojn unuigajn, ne disigajn.

En la unua broŝuro Zamenhof proponis, ke homaranoj nomu ĉiujn landojn per neŭtralaj negentaj vortoj, kiel Kanado, Svisujo, Peruo, Belgujo, aŭ per aldono de sufikso _-io_ al ĉefurbo, kiel Berlinio, Peterburgio, Konstantinoplio. Poste li forigis tiun paragrafon kiel nepraktikan. Ankaŭ li fortranĉis multon el la lasta punkto. En la komenco li proponis eĉ starigon de templo homarana en ĉiu urbo. Aliĝintoj devus:

"... frate kunvenadi tie kun homaranoj de aliaj religioj, ellabori kune kun ili morojn kaj festojn neŭtrale-homajn, kaj tiamaniere kunhelpi al la iom-post-ioma ellaboriĝo de filozofie pura, sed samtempe bela, poezia, kaj varma, vivo-reguliga religio komune-homa.... En la templo homarana oni aŭskultados la verkojn de la grandaj instruintoj de la homaro pri la vivo kaj morto kaj pri la rilato de nia 'mi' al la universo kaj al la eterneco, filozofie-etikajn interparoladojn, altigajn kaj nobligajn himnojn, k.t.p. Ĉi tiu templo devas edukadi la junularon kiel batalantojn por la vero, bono, justeco kaj ĉiuhoma frateco, kaj ellaboradi en ili amon al honesta laboro kaj abomenon por frazisteco kaj por ĉiuj malnoblaj malvirtoj; tiu ĉi templo devas donadi spiritan ripozon al la maljunuloj, konsolon al la suferantoj, doni la eblon senŝarĝigi sian konsciencon, k.t.p."

Pli malfrue Zamenhof nur lasis la proponon pri fondiĝo de tia komunumo inter liberkredanoj, kiuj ne trovis sian spiritkontentigon en preĝejoj ekzistantaj. Laŭ lia celo kaj espero la homaranoj ĉiam plimultiĝos en la mondo. Konstanta komunikiĝado ilin edukos sur la bazo de neŭtrala lingvo, neŭtralaj moroj kaj principoj religiaj. Rondoj kreskos. Ondoj fluos. Influo disvastiĝos. Iom post iom, sen rompado, sen ofendo, tute nature, ĉiuj homoj kunfandiĝos en unu granda homa popolo de popoloj.
Al tiu revo li fordonis tutan sian vivon.

제7장. 인류인

겉으로 보기에 불로뉴대회는 무엇보다도 하나의 선전 제전(祭典)이었다. 그러나 공식적인 모임에서는 언어의 보급에 대한 흥미 있는 토론이 일어났다. 발언자의 논박과 응답이 자연스럽고 유창하게 흘러나왔다. 중립적인 기반 위에 모두 자기 자신이 자유롭고 동등하다고 여기고 있었다. 이 점에 자멘호프는 대회의 모든 참가자와 마찬가지로 대단히 감동되었다. 자멘호프가 바르샤바에 돌아왔을 때는 언어적인 면에 대해서만이 아니라 윤리적인 면에 대해서도 말할 수 없는 행복을 느끼고 있었다.

"그 많은 발언과 토론을 듣고, 대회에 참석한 사람 사이에 보인 완전한 융합과 감동적인 우애를 목격한 사람이면 누구나 이 전날까지 그들이 서로 완전히 낯선 사이였다는 사실을 믿지 않았을 것입니다. 또 그 언어를 배우기가 쉽다는 사실이 그 기적적인 일을 이루어냈다는 것과 더욱이 누구에게도 그의 조국과 언어와 종교를 저버리게 하지 않고 실로 다양한 민족과 종교인에게 평화적이고 성실한 우애 속에서 나란히 어울려 살 가능성을 만들어냈다는 것을 믿지 않았을 것입니다." 30)

그렇다면 그 꿈은 실현될 수 있으며 국제어 학습이 사실상 가장 효과적인 최우선적 조치임이 밝혀졌다고 그는 생각했다. 그런데 그해 겨울, 주변에서 일어난 사건은 하나의 극단적인 대조를 뚜렷이 보여주었다. 러시아와 일본 두 제국이 전쟁을 시작하였다. 한편 러시아의 여러 민족은 차르의 제정에 반항하기 시작하였고 수도 페테르부르크에서는 한 떼의 빈민, 노동자가 기본적인 정치적 권리를 청원했

---

30) 1906년 페테르부르크에서 발행한 '인류인주의' 에서.

다. 근위기병에게 발포령이 내려졌으며, 남녀노소 할 것 없이 모두 눈 위에 피를 흘리고 쓰러졌다.

서부와 남부지방의 반란은 이미 거족적으로 파급되었다. 레트인과 우크라이나인과 코카서스인이 조국의 자유를 위해 투쟁하기 시작했다. 위난을 수습하고자 정부는 전통적인 방법으로 분할 지배 정책을 사용했다. 그들은 민족 간의 경쟁심을 이용하여 특명된 밀정을 통해 싸움을 격화시켰다. 소위 '검은 손(Nigra mano) 단(團)'은 이 목적으로 조직된 경찰의 끄나풀이었다. 그들은 여러 도시에 폭력배를 보내 학살을 유발했다. 바르샤바에서는 폴란드 사회주의자가 무장 청년이 시가를 지키도록 하는 등 폭력배에게 대항했다. 실로, 무서운 공포가 감돌았다. 리투아니아와 오데사 지방에서는 더욱더 그러했다. 많은 유대인이 그곳에 살고 있었다. 상점이 파괴되고 약탈과 학살이 자행되었다. 코카서스에서도 이와 같은 일이 서로 다른 이름의 민족, 러시아인과 구르지아인, 타타르인과 아르메니아인 사이에 일어났다. 불로뉴와는 얼마나 끔찍한 차이가 나는 저주받을 광경인가? 쓰라린 마음으로 자멘호프는 새로운 조처를 해야 한다고 느꼈다. 각 민족은 그러한 책략을 방어할 줄 알아야 한다. 그는 그가 힐렐리즘이라는 이름으로 이미 유대인에게 제안한 바 있던 사상을 일반화하기로 했다. 어느 민족이든 자멘호프는 이제 모든 인간에게 호소하는 것이다. 그들은 그들 자신이 한 민족의 일원(一員)임에 더하여 '세계의 시민(인류인)'임을 인식해야 할 것이다. 그래서 1906년 페테르부르크에서 익명으로 나온 조그만 책자의 제명은 『인류인주의(Homaranismo)』였다. 그 책에는 가정과 민족과 인류의 상호관계에 대한 새로운 가르침이 들어있었다. 12절에 걸친 이 선언이 그 신조를 형성하고 있었다.

"인류인주의란 다음과 같은 교시(敎示)이다. 즉, 그것은 한 인간으로부터 그의 모국과 모국어와 종교를 빼앗지 않고, 그의 민족적, 종교적 여러 원칙의 모든 오류와 모순에서 벗어날 수 있도록 하며, 그가 어떠한 언어와 종교를 가진 사람과도 상호 우애, 평등, 정의의 원칙에 입각한 중립적인 기반 위에서 서로 교우할 수 있게 하는 교훈이다."

서문은 그러한 우애가 가능하다는 증거로써 불로뉴대회의 경험을 암시하고 있었다. 그렇지만 인류인주의와 에스페란토주의가 혼동되어서는 안 된다는 사실에 주의를 환기하고 있었다.

"그 두 가지 사상은 서로 밀접한 관계에 있기는 하지만 같은 것은 아니다. 한 인간이 아주 훌륭한 에스페란티스토이지만 인류인주의의 반대자일 수도 있다."

자멘호프가 그 조그만 책자에 분명하게 서명하지 않은 것은 단지 혼동을 피하고 싶은 생각에서였지만, 용기가 없는 사람으로 보일 것 같아 퍽 괴로워했다. 1912년 그는 완전히 자유로운 몸이 되기 위해 에스페란토사업에 있어서 모든 공적인 역할을 공공연히 단념하고, 그 뒤부터는 그 책자의 새 판에 본명을 적어 넣었다.
동유럽에는 민족 간의 차별과 증오를 일으키는 두 가지 중요한 요소가 있다. 언어와 종교가 그것이다. 폴란드인은 천주교를 믿고, 유대인은 유대교, 레트인은 루터교(개신교), 러시아인은 동방정교를 믿고 있다. 한편 아르메니아인은 기독교도, 타타르인은 회교도이다. 서로 다른 언어만이 아니라 경쟁적인 신앙도 그러한 차이를 두드러지게 했다. 민족 감정이 문학과 종교에 집중되어 있다. 그래서 자멘호프의 요목에는 두 가지의 중요한 구분이 있다. 하나는 언어 정치적인 것이요, 또 하나는 종교적인 것이다.
모든 사람으로 하여금 가정생활에서는 자기 좋을 대로 모국어를 사용하게 하라. 그러나 다른 민족의 사람에게 그것을 강요하여 그들을 난처하게 하거나 감정을 상하지 않도록 하라. 합동 모임의 경우에는 에스페란토와 같은 중립적인 표현과 수단을 써야 할 것이다. 같은 신앙인끼리는 그들의 전통이나 선택에 따라 그들이 바라는 종교적 관습에 따르는 것이 좋겠지만 이교도 사이에는 "그들이 너희에게 해 주기를 바라는 것처럼 너희도 그들에게 하라"는 원칙에 따라 행동하여야만 할 것이다.

말하는 데 있어서 국제어가 거리낌 없는 모임과 우애를 위한 중립적인 토대를 제공하고 있듯이, 종교 분야에도 그와 비슷한 무엇이 있어야 할 것이다. '신' 또는 어떤 다른 명칭 아래 인류인은 많은 사람이 물질계와 정신계에 있어서 ─혹 어떤 사람들에게는 유독 정신계에 있어서만─ 원인(原因)의 원인이라고 느끼고 있는 저 신비한 '힘'을 이해하면 된다. 이 힘에 대한 누구의 믿음이 자기가 좋아하는 것과는 다르다는 이유로 상대를 증오하거나 조소하거나 학대하지 않도록 하라. 마찬가지로 언어와 혈통 때문에 다른 사람을 모독하는 것도 지극히 야만적인 일이다. 또한, 참으로 종교적인 계율은 모든 사람의 마음속에서 양심의 형태로 존재하며, 그 중요한 것은 상호존경과 협조라는 점을 깨닫게 하라. 그리고 종교에 대한 여타 문제는, 어떤 사람에게는 신의 말씀이 의무로 맡겨진 것이요, 어떤 사람에게는 인류의 위대한 스승이 만든 주석(註釋)이며, 또 다른 사람에게는 인위적으로 이루어진 교훈과 전설, 혹은 인습의 혼합 등 하나의 부가적인 것으로 보면 좋다. 그런데 차별을 심하게 하는 것은 주로 그 인습이다.

사람들은 이 같은 '힘'을 각기 다른 색안경을 끼고 바라보고 있다. 포교를 위한 전도는 자유로워야 할 것이다. 그러나 인류인은 자기의 의견을 내세운 민족적 편견을 다른 사람에게 강요해서는 안 될 것이다. 교육받은 사람은 다른 사고인(思考人)의 이견을 존중하지는 않더라도 때로는 철학적인 입장에서 관대하게 대하지만, 그들 간의 인습에 관한 견해의 충돌은 한층 더 심각하다.

그래서 자멘호프는 사상적인 기초에 관해서도 주장한다. 동유럽의 일상생활에서는 실제적 관점의 필요성이 드러나고 있다. 현실이 그것을 요구하고 있다. 공로(公路)에서 돌 십자가에 성호를 긋느냐 긋지 않느냐 하는 문제, 토요일이나 일요일을 휴일로 하라는 관공서의 강압에 관한 문제, 수염을 길게 기르느냐 기르지 않느냐 하는 문제, 손을 성경 위에 얹고 맹세하느냐 혹은 손을 들어 맹세하느냐 하는 문제, 모자를 쓰고 증언하느냐 모자를 벗고 증언하느냐 하는 문제, 이 모든 것이 서부에서는 우스꽝스럽게 보일지도 모르지만 동부에서는 몇 세기를 두고 계속되는 분쟁의 실마리가 되어 왔다. 그래서 그런 종류의 일에 대해서 어떤 민족을 언급할 때는 그것이 마치 모욕적인 말처럼 들린다.

또 중요한 것은 관습과 사상뿐만이 아니라 각종 신고도 마찬가지였다. 갈리시아에서는 유대어를 모국어로 사용하는 것이 법적으로 금지되어 있었기 때문에 유대인은 자기들이 폴란드어나 독일어, 혹은 우크라이나어를 한다고 기재할 수밖에 없었다. 따라서 종교에 의해서만 각 민족을 헤아릴 수밖에 없었다. 유대교 = 유대인, 천주교 = 폴란드인, 동방정교 = 우크라이나인, 개신교 = 독일인이라는 것이다. 설사 선조의 신앙을 오래전에 버렸다 할지라도 그들은 숫자적인 문제 때문에 자기 민족의 전반적인 종교에 따라 기록해야만 하는 것이다. 통계적이고 정치적인 목적을 가늠한 순전히 민족적인 편견이었다.

그래서 자멘호프는 그러한 신고에 대한 중립적인 기초를 마련했다. 인류인은 성실로 길들어야 한다. 그 책의 마지막 장에는 자유의사에 따른 희망자를 위한 설문이 있었다. 그것은 다음과 같은 항목으로 나누어져 있다. 가정, 조국, 민족, 모국어, 사용 언어, 실제 신앙. 이러한 설문이야말로 모든 사람이 압제 받는 자기 민족을 배반하지 않고 진실을 말하게 할 수 있었다.

자멘호프의 모국어는 러시아어였으나 보통 때 그가 사용하는 언어는 폴란드어였다. 민족 성분으로는 유대인이었고 종교로 말한다면 자유신앙가였다. 자멘호프는 이러한 모든 것을 인류인을 위한 청약서에 완벽히 적어 넣을 수 있었다. 그러나 만약 그가 그것을 제국(帝國)의 여권에 적어 넣는다면 그는 당장 민족적 파벌의 한 부류에 속하는 사람으로, 말하자면 폴란드인을 박해하는 러시아인이라든가, 유대인을 반대하는 폴란드인으로 간주되고 만다.

따라서 인류인의 서식(書式)은 장래의 정부 인구 조사를 위해서도 매우 실제적인 모델을 제시하고 있다. 또한, 책자에 열거된 12가지 조항은 거의 다 두 가지의 실제적인 효과로 전용(轉用)될 수 있다. 하나는 개인의 행동을 위한 즉각적인 지침이고, 또 하나는 인간과 인간 사이의 더욱 정당한 법을 위한 직접적인 제안이다. 윌슨의 고결한 14개 조항은 단지 세력 있는 외교관이 무엇을 해야 하는지를 보여 주는 것에 불과했다. 만약 동의가 없다면 원칙 또한 실패한다. 찢어진 서류 조각이 정치적인 도박대 밑에 흩어져 버린다. 그렇게 되면 각국이 그것을 집어 들고 저마다 새로운 분쟁의 재개를 정당화하기 위해 자기의 서류 조각을 흔들어 댈 것이다.

그러나 자멘호프의 강령은 사람을 곧 지도할 수 있으며, 또한 종국에는 입법자에게도 영향을 줄 수 있었다. 그의 12개 조목은 오로지 화해의 씨앗만을 뿌릴 수 있다. 인류를 한 가족처럼 대하자. 이러한 이상이 그대의 행동을 지배하게 하라. 민족이 아니라 행동에 따라서 사람을 판단하라. 국토는 한 민족의 것이 아니라 그곳에 사는 모든 주민에게 속하는 것이다. 그대의 민족이나 신앙을 다른 사람에게 강요하지 마라. 인간의 이름을 민족의 이름보다 우위에 두라. 애국심은 인간 형제의 지역 공동체를 위한 봉사에 그치게 하고, 절대 다른 사람을 증오하는 것이어서는 안된다. 언어는 목적이 아니라 어디까지나 수단이 되도록 하라. 다른 민족의 사람과는 중립 어를 사용하라. 그대의 신앙이 물려받는 것이 되게 하지 말고 진실로 그대 자신의 것이 되게 하라. 다른 신앙을 가진 사람과는 중립적인 인간성과 서로 협력적인 윤리에 따라 행동하라. 인류인과는 분산이 아닌 결합의 감정을 배양토록 하라.

자멘호프는 『제1서』에서 인류인은 모든 나라에 중립적이고 비 민족적인 명칭을 부여할 것을 제의했다. 즉, 캐나다, 스위스, 페루, 벨기에 등의 민족적 명칭을 수도 이름에 접미사 -io를 붙여 Berlinio, Constantinoplio 등으로 바꾼다는 것이었다. 그러나 자멘호프는 뒤에 실제적이 아니라고 생각하여 그 부분을 삭제했다. 그는 마지막 항목 대부분을 삭제해 버렸는데 그 부분에는 마을마다 인류인의 전당을 건립하자고 제안되어 있었다. 그리하여 그곳의 가입자들은,

"그곳에서 다른 종교를 가진 인류인과 함께 형제로서 모여 중립적인 관습과 잔치를 고안한다. 그리고 협력하여 차츰 인류를 위한 철학적으로 순수하고, 한편으로는 아름답고, 시적이고, 쾌적하고, 생활을 규제할 수 있는 보편종교를 성심껏 이룩해 낸다. 인류인의 전당에서는 삶과 죽음에 관한, 그리고 자아와 우주, 자아와 영원의 관계에 관한 인류의 위대한 스승의 작품을 들을 수 있다. 그리고 철학적으로 윤리적인 대화와 고상하고 품위 있는 찬송가도 들을 수 있다. 이 사원(寺院)은 젊은이를 진리와 선과 정의, 그리고 모든 인간 우애의 투사로 키워야 하며, 그들에게 노동의 신성함을 사랑하는 마음과 위선적인 말이나 모든 비천한 악덕을 싫어하는 마음을 심어 주어야 한다. 또한, 노인에게는 정신적인 안식을, 고통받는 자에게는 위안과 양심의 짐을 벗을 기회를 주어야 한다."

나중에 자멘호프는 현존 종교로부터 정신적인 만족을 얻지 못한 자유신앙가를 위한 공동체를 설립하자는 제안만을 남겨 놓았다. 세상에서 인류인의 수가 부단히 증가하는 것이 그의 목표요 희망이었다. 끊임없는 교우를 통하여 중립적인 언어와 중립적인 관습과 종교적 신념의 기초 위에 그들은 육성될 것이다. 그리고 크고 작은 모임은 성장할 것이다. 물결은 흘러 흘러 영향이 파급될 것이다. 모든 사람

이 아무런 파괴나 감정 상함이 없이 아주 자연스럽게 여러 민족으로 이루어진 하나의 거대한 가족으로 굳게 맺어질 수 있을 것이다. 자멘호프는 그러한 꿈에 자신의 전 생애를 바쳤다.

ĈAPITRO VIII. Kongresaj Paroladoj

En Eŭropo orienta la faktoj per si mem predikis en la senco homarana. Tie ŝovinismoj lingvo-religiaj batalminacis homan vivon, ne nur inter landoj, sed en la regnoj mem pro miksita loĝantaro. Ĝi estas tiu loko "kie la atmosfero, saturita de intergenta malpaco, per neevitebla natura reago, naskis la esperantisman movadon".[31] Estis do plej nature, ke tie preskaŭ ĉiuj "samideanoj" komprenis la signifon de la penso Zamenhofa, eĉ kiam ili ne subskribis la homaranisman aliĝilon. Fakte nur malmultaj tion faris.

Al Okcidentanoj, antaŭ mondmilito, ne tiel klare ĝi aperis. La krudaj spertoj ŝajnis malproksimaj. Kiuj lernis Esperanton, tiuj fariĝis ja komprenemaj. La senton de Bulonjo, la senton de l'_Espero_ kaj de l' poemoj Zamenhofaj ili nomis ame la "interna ideo" de l' movado. Tamen iom ĝenerale, senprecize. Sed kelkajn interesis vere nur la lingva flanko laŭ gusto gramatika. Inter ili staris la markizo Louis de Beaufront, unua propagandisto en Francujo.

Li ne venis Bulonjon. Li ne ŝatis la "internan ideon". Kontraŭ tiu tendenco li jam presigis artikolojn en sia gazeto _L'Espérantiste_. Profitante la sennoman

---

31) Parolado de Zamenhof ĉe l' Oka Kongreso Esperantista en Krakovo, 1912.

aperigon de l' broŝuro pri homaranismo, li ĝin ridindigis unue. Poste li montris ĝin kiel gravan danĝeron por la sukceso de Esperanto.

Ĉi tiu kulpigo vundis la koron de Zamenhof. Tamen li ĉiam agis tre prudente. Jam en Bulonjo-sur-Maro li mem proponis al la kongreso deklaron, unuanime akceptitan. Ĝi difinis esperantismon oficiale kiel:

"Penado disvastigi en la tuta mondo la uzadon de lingvo neŭtrale homa, kiu, ne entrudante sin en la internan vivon de la popoloj kaj neniom celante elpuŝi la ekzistantajn lingvojn naciajn, donus al la homoj de malsamaj nacioj la eblon komunikiĝadi inter si; kiu povus servi kiel paciga lingvo de publikaj institucioj en tiuj landoj, kie diversaj nacioj batalas inter si pri la lingvo; kaj en kiu povus esti publikigitaj tiuj verkoj, kiuj havas egalan intereson por ĉiuj popoloj.

"Ĉiu alia ideo aŭ espero, kiun tiu aŭ alia Esperantisto ligas kun la Esperantismo, estos lia afero pure privata, por kiu la Esperantismo ne respondas."
Tiu ĉi frazo devus sufiĉi. Sed la vorton "privata" kelkaj personoj volus anstataŭi per "malpermesata". Sub influo de De Beaufront aŭ alia, kelkaj Francoj, timigitaj, skribis mem al Zamenhof por lin konsili. Esperanto estas _nur_ lingvo, ili diris; evitu ligi eĉ tute private la esperantismon kun ia _ideo_, ĉar alie

oni pensos, ke ni ĉiuj havas tiun ideon, kaj ni malplaĉos al diversaj personoj, kiuj ne amas ĝin!

"Ho, kiaj vortoj!" ekkriis Zamenhof indigne dum sia parolado ĉe la Dua Kongreso Esperantista en Ĝenevo je 1906:

"... El la timo, ke ni eble ne plaĉos al tiuj personoj, kiuj mem volas uzi Esperanton nur por aferoj utilaj por ili, ni devas ĉiuj elŝiri el nia koro tiun parton de la esperantismo, kiu estas la plej grava, la plej sankta, tiun ideon, kiu estis la ĉefa celo de la afero de Esperanto, kiu estis la stelo, kiu ĉiam gvidadis ĉiujn batalantojn por Esperanto! Ho, ne, ne, neniam! Kun energia protesto ni forĵetas tiun ĉi postulon.

Se nin, la unuajn batalantojn por Esperanto, oni devigos, ke ni evitu en nia agado ĉion idean, ni indigne disŝiros kaj bruligos ĉion, kion ni skribis por Esperanto, ni neniigos kun doloro la laborojn kaj oferojn de nia tuta' vivo, ni forĵetos malproksimen la verdan stelon, kiu sidas sur nia brusto, kaj ni ekkrios kun abomeno: Kun tia Esperanto, kiu devas servi ekskluzive nur al celoj de komerco kaj praktika utileco, ni volas havi nenion komunan!"

Pale staris Zamenhof en Ĝeneva Viktoria-Hall eldirante tiun frazon per laŭta kaj decida voĉo. Tremiga aplaŭdego montris al li, ke la plejmulto lin komprenis kaj aprobis el tutkoro. Prave li povis diri, ke ĝis nun Esperantistoj estis ne profitantoj, sed nur batalantoj. Ilin efektive ne gvidis penso pri gajnemo aŭ praktika utileco. Ilia celo kaj agiga ĉefideo estis ja frateco kaj justeco inter la popoloj. Tial la parolanto povis daŭri kun certeco, ke li esprimos la internan senton de ĉiuj koroj:

"Tiu ĉi ideo akompanadis Esperanton de la unua momento de ĝia naskiĝo ĝis la nuna tempo. Ĝi instigis la aŭtoron de Esperanto, kiam li estis ankoraŭ malgranda infano; kiam antaŭ dudek ok jaroj rondeto da diversgentaj gimnazianoj festis la unuan signon de vivo de la estonta Esperanto, ili kantis kanton, en kiu post ĉiu strofo estis ripetataj la vortoj:
'Malamikeco de la nacioj falu, falu; jam estas tempo'. Nia himno kantas pri la 'nova sento, kiu venis en la mondon'; ĉiuj verkoj, vortoj, kaj agoj de la iniciatoro kaj de la unuaj Esperantistoj ĉiam spiras tute klare tiun saman ideon. Neniam ni kaŝis nian ideon; neniam povis esti eĉ la plej malgranda dubo pri ĝi, ĉar ĉio parolis pri ĝi.

"Kial do aliĝis al ni kaj sindone kaj senprofite laboris kun ni la personoj, kiuj vidas en Esperanto 'nur lingvon'? Kial ili ne timis, ke la mondo kulpigos ilin pri granda krimo, nome pri la deziro helpi al iom-post-ioma unuiĝo de la homaro? Ĉu ili ne vidas, ke iliaj paroloj estas kontraŭaj al iliaj propraj sentoj, kaj ke ili senkonscie revas pri tio sama, pri kio ni revas, kvankam, pro neĝusta timo antaŭ sensencaj atakantoj, ili penas tion ĉi nei? ...

"Se la unuaj Esperantistoj pacience elmetadis sin ne sole al konstanta mokado, sed eĉ al grandaj oferoj, kaj ekzemple unu malriĉa instruistino longan tempon suferis malsaton, nur por ke ŝi povu ŝpari iom da mono por la propagando de Esperanto -- ĉu ili ĉiuj faris tion ĉi pro ia praktika utileco? Se ofte personoj alforĝitaj al la lito de morto skribadis al mi, ke Esperanto estas la sola konsolo de ilia finiĝanta vivo -- ĉu ili pensis tiam pri ia praktika utileco? Ho, ne, ne, ne! ĉiuj memoris nur pri la interna ideo, entenata en la Esperantismo; ĉiuj ŝatis Esperanton ne tial, ke ĝi alproksimigas la cerbojn de la homoj, sed nur tial, ke ĝi alproksimigas iliajn korojn."

Laŭ la sento de l' kongresanoj Zamenhof komprenis tre bone, kiel agi plej saĝe. Per si mem Esperantismo jam logis plej multajn lernintojn de la lingvo al la "interna ideo". Ĝi gajnis la korojn. Pli malfrue venos la tempo diskuti pri detala organizo homarana. Nun pro necesa precizo de programo ĝi timigus multajn.
Ĝi povus nur formi apartan sekcion en la Esperanta movado. Dume pli urĝis kulturi la komunan senton, celante taskojn ĝeneralajn. Esperanto estas nur lingvo,

sed la kongresoj estu pli. Ili daŭru kiel festoj de l' "interna ideo".

"Kiel antikvaj Hebreoj tri fojojn ĉiujare kunvenadis en Jerusalemo, por vigligadi en si la amon al la ideo monoteisma, tiel ni ĉiujare kunvenas en la ĉefurbo de Esperantujo, por vigligi en ni la amon al la ideo esperantisma. Kaj tio ĉi estas la ĉefa esenco kaj la ĉefa celo de niaj kongresoj."

Tiun programon Zamenhof proponis per sia malferma parolado ĉe la sekvanta granda kunveno ĉiujara. Ĝi okazis en Kembriĝo je 1907. Mil kvincent personoj partoprenis. Estis ĝojiga venko vidi, ke aliĝas homoj ne nur el popoloj malfortaj, sed ankaŭ el popoloj fortaj, kiel Britoj. Tio ĉi montris, ke ili vidas en la Esperantismo ne sole aferon de egoisma oportuneco, sed gravan ideon de intergenta justeco kaj frateco.... "La Kembriĝanoj akceptas nin hodiaŭ ne kiel komercistojn, kiuj alportas al ili profiton, sed kiel apostolojn de ideo homarana, kiun ili komprenas kaj ŝatas".

Efektive pri tiu punkto ĉefe aludis la urbestro kaj aliaj eminentuloj ĉe l' antikva universitato. "Ni vidas novan Pentekoston", ekkriis fama latinisto, profesoro Mayor, lerninte la lingvon en unu semajno. Ĉie sonis Esperanto festante sian dudekjaron: ĉe pentrindaj turoj, sub gotikaj pordoj, en verdegaj herbokortoj, sur ŝipetoj de l' rivero serpentuma, inter pontoj skulptoriĉaj.

La Kongreso estis brila kaj sukcesa. Zamenhof admiris la homecon de britaj idealistoj. Lin impresis la progreso de l' movado, la multeco de l' venintoj ĉiulandaj. Li tremis kortuŝite, kiam la granda aŭdantaro leviĝis por ekkanti unukore la himnon _La Espero_. Tondre sonis kun orgeno de mil voĉoj tiu fina profetaĵo:

Sur neŭtrala lingva fundamento,
Komprenante unu la alian,
La popoloj faros en konsento
Unu grandan rondon familian.

Pasis dudek jaroj de post 1887. Esperantistaro fariĝis jam vera popolo. Ĝia voĉo ekaŭdiĝos tra la mondo. El tiu kerno internacia la ideoj disvastiĝos. Al ĝi li povos nun sin turni kaj paroli kvazaŭ al kreskanta publiko de l' estonta homaro. La kongresoj estis por li plej lumaj horoj en la tuta jaro, longa kaj malhela. Unu semajnon li pasigis en la revo plenumita: inter homoj ĉiugentaj frate kunvivantaj sur neŭtrala bazo. Bildo jam profeta. Kuraĝigo al animo. En Varsovio, ĉe l' okulista laborĉambro, la vidaĵo lin vizitis ofte vespere post laciga tago, kiam li pensadis, dum neĝo falis trans la vitroj. De tiu tempo Zamenhof eksentis plian fidon. Sur la portretoj el Kembriĝo espera ĝojo koloras la zorgemon en okuloj kaj sur lipoj de la Majstro.

Tiel ĉiuj nomis lin. Sed li ne ŝatis la titolon. Morale, eĉ preskaŭ fizike, la vorto ĝenis lin. Ne majstro, sed homfrato kaj kolego li volis esti. Pro modesteco, jes. Ankaŭ pro libereco. En "majstreco" li sentis la pezon de l' honoro kaj la ĉenon de l' sklaveco. Li preferis plenan privatecon. Antaŭ ĉio plaĉis al li, trankvile kunparoli inter kongresanoj. Li sopiris al senbaraj esprimo kaj diskuto de l' ideoj karaj. Oficiala posteno lin ĝenis ĉiel. Jam en Bulonjo li instigis la elekton de la _Lingva Komitato_. Ĝiaj membroj kundecidu pri aferoj de vortaro. Al ili tre kontente li transdonis la tutan zorgon kaj aŭtoritaton pri la lingvo. En Parizo, lia riĉa gastiganto Javal, okulisto fama, proponis al li katedron kaj salajron por direkti la movadon. Li rifuzis. Modesta kaj libera: tia estis lia gusto.

Lia vivcelo estis la "interna ideo". Ĉar la Bulonja deklaro nur aludis la lingvon, li sentis la neceson difini ankaŭ klare la devizon de l' ideaj Esperantistoj. Per sia parolado kembriĝa li plenumis tion:

"Ni deziras krei neŭtralan fundamenton, sur kiu la diversaj homaj gentoj povus pace kaj frate interkomunikiĝadi, ne altrudante al si reciproke siajn gentajn apartaĵojn.... Por formuli precize ĉiujn detalojn de la dirita devizo, ne venis ankoraŭ la tempo; ili formuliĝos per si mem, iom post iom, per nia ĉiujara kunvenado kaj kunvivado.... Ĉiam pli kaj pli, komencante de aferoj bagatelaj kaj transirante al aferoj plej gravaj, komencante de aferoj pure materialaj kaj transirante al ĉiuj flankoj de la homa spirito kaj moralo, oni proponados al ni diversajn rimedojn, kiuj servas al la fratigado de la homoj kaj al la rompado de la muroj inter la gentoj -- kaj ĉion ĉi tion ni povos prijuĝi, akcepti aŭ ne akcepti, sed ni neniam devos ĝin blinde forĵeti antaŭe. Ĉar ĉio, kio servas al la fratiĝado de la gentoj kaj al la rompado de la malamikaj muroj inter la popoloj -- se ĝi nur ne enmiksas sin en la internan vivon de la gentoj -- apartenas al la verda standardo....

"En la profundeco de viaj koroj vi ĉiuj sentas la verdan standardon; vi ĉiuj sentas, ke ĝi estas io pli, ol simpla signo de lingvo. Kaj ju pli ni partoprenados en niaj ĉiujaraj kongresoj, des pli ni interfratiĝos, kaj des pli la principoj de la verda standardo penetros en nian animon. Multaj personoj aliĝas al la Esperantismo pro simpla scivoleco, pro sporto, aŭ eble eĉ pro atendata profito; sed de la momento, kiam ili faras la unuan viziton al Esperantujo, ili malgraŭ sia propra volo ĉiam pli kaj pli entiriĝas kaj submetiĝas al la leĝoj de tiu lando. Iom post iom Esperantujo fariĝos edukejo de la estonta interfratigita homaro, kaj en tio ĉi konsistos la plej gravaj meritoj de niaj kongresoj."

Post la Kembriĝa kongreso, la urbestraro Londona, reprezentata de Sir T. Vezey Strong, oficiale akceptis Zamenhof kaj la tutan kongreson en la fama urbodomo "Guildhall". En la vasta kvazaŭ katedrala ĉambrego jam estis solene salutata pli ol unu gasto multe pli glora: fremda reĝo, venkinta generalo, prezidanto de respubliko. Sub altaj arkaĵoj de l' antikva festejo nun sonis unuafoje la voĉo modesta, sed tre decida, de simpla okulisto, granda per la celo, granda per genio. Neniun forton li prikantis, neniun batalon per armiloj. Pri brulanta temo de patriotismo kaj malamo li kuraĝis paroli delikate, sed klare, eĉ energie.

"Malbonaj patriotoj": tiel bojis la kulpigo ŝovinista en ĉiuj landoj kontraŭ sekvantoj de Zamenhof. En tiu loko solena li respondis trafe. Se patriotismo signifas malamon, tiam la atako estis prava. Se male ĝi signifas amon, tiam li protestis el tutkoro.

Amo al patrujo, amo al homaro, amo al hejmo entenas unu la alian.
Sed kion scias pri amo tiuj mallumaj demonoj, kiuj ne "sole inter la landoj, sed ankaŭ en sia propra patrujo

konstante instigas homon kontraŭ homo"? De tiaj predikantoj li sin deturnis indigne:

"Vi, nigraj semantoj de malpaco, parolu nur pri malamo al ĉio, kio ne estas via; parolu pri egoismo, sed neniam uzu la vorton 'amo', ĉar en via buŝo la sankta vorto malpuriĝas!"

Tiam lia penso jam reflugis al Bjalistok en litva lando, al dolĉa kamparo ĉirkaŭ la urbeto, al pejzaĝo de l' knabaj promenadoj, kiam suno je l' vespero ruĝigas la montetojn kaj nigrigas la linion de l' arbaroj. Kiom da fojoj li vagadis kun fratino tra herbejoj florumitaj. Bonodoro. Zumado de l' insektoj.
Ruĝ-ora lumo vuala. Malproksima sonorilo de vilaĝo. Ili amis, ili sentis ĉion sia.... En urboj, kvar gentoj sin malamis:

"Vi staras nun antaŭ miaj okuloj, mia kara Litovujo, mia malfeliĉa patrujo, kiun mi neniam povas forgesi, kvankam mi forlasis vin kiel knabo. Vi, kiun mi ofte vidas en miaj sonĝoj, vi, kiun nenia alia parto de la tero iam povos anstataŭi en mia koro, vi atestu, kiu vin pli multe, pli kore, kaj pli sincere amas: ĉu mi, idea Esperantisto, kiu revis pri frateco inter ĉiuj viaj loĝantoj, aŭ ĉu tiuj personoj, kiuj deziras, ke vi apartenu nur al ili, kaj ĉiuj aliaj viaj filoj estu rigardataj kiel fremduloj aŭ sklavoj!"

제8장. 대회연설

동유럽에서는 사실 자체가 인류인의 뜻으로 교설(敎說)되고 있었다. 인간의 생활은 언어적 종교적인 국수주의에 따라 위협받고 있었다. 그것은 주민이 뒤섞여 있으므로 국가 간에뿐만 아니라 국내에서도 그러하였다. 그곳이 바로 '민족 간의 분규로 포화한 대기가 필연적이고 자연적인 반작용으로 에스페란토주의의 운동이 태동한' [32] 곳이었다. 따라서 모든 동지가 비록 인류인으로 서명은 하지 않았을지언정 자멘호프가 말하는 사상의 의의를 이해하고 있는 것은 극히 당연한 일이었다. 실제 가입한 사람은 얼마 되지 않았다.

제1차 세계대전 전까지는 그것이 서부 유럽 사람에게 별로 명확하게 느껴지지는 아니하였다. 그 야만적인 실제 경험은 그들에게 까마득히 먼 것 같았다. 그러나 에스페란토를 배운 사람은 누구나 충분히 깨닫고 있었다. 불로뉴의 감정과 La Espero(희망)의 정신, 그리고 자멘호프가 쓴 시(詩)의 정신이 에스페란토 운동의 '내적 사상(interna ideo)'이라고 은연중 일컬어졌다. 그러나 그 느낌이 다소 일반적이고 모호하여 문법적인 취향에 따른 언어적인 면에만 관심을 가진 사람도 약간 있었다. 그들 중의 하나가 프랑스의 첫 보급 운동가인 보프롱(Louis de Beaufront)후작이었다.

보프롱은 불로뉴에 가지 않았다. '내적 사상'이란 것을 탐탁하게 여기지 않았다. 그래서 그는 그가 주관하는 잡지 『L'Esperantiste』지(誌)에 이러한 경향을 반대하는 논설을 몇 편 실었다. 그는 인류인 주의의 팜프렛이 익명으로 발행되었음을 흠잡아 처음에는 그것을 비웃었다. 그리고 나중에는 그것이 에스페란토의 성공에 암적인 존재라고 논평했다.

이러한 공격이 자멘호프의 마음을 상하게 했지만, 그는 언제나 매우

---

32) 1912년 크라코브에서 열린 제8회 에스페란토대회에서 행한 자멘호프의 연설에서.

신중하게 처신했다. 그 자신 불로뉴에서 선언문 하나를 제시하였으며, 그것은 만장일치로 채택되었다. 이 선언은 '에스페란토주의(Esperantismo)'를 다음과 같이 공식적으로 정의(定義)하였다.

"에스페란토 운동이란 온 세계에 중립적인 언어를 보급하려는 노력이다. 이 중립적인 언어는 각 국민의 내부생활에 그 언어를 강요하지 않으며 현존하는 국어의 축출을 도모하지 않고 각 국민 간에 상호 의사소통의 가능성을 제공할 뿐이다. 또 이 언어는 언어 문제로 여러 민족 간에 알력이 있는 공공기관에 화해의 언어로서 봉사할 수 있다. 또한, 이 언어로 모든 민족에게 동등한 흥미를 갖게 하는 작품을 발표할 수 있다."

"에스페란티스토가 에스페란토주의를 어떠한 사상이나 희망과 연관 짓는 것은 순전히 개인적인 일이며 그에 대해서 에스페란토주의는 아무런 책임이 없다."

그 마지막 말로 충분했음이 틀림없다. 그러나 일부에서는 '개인적'이라는 말을 '금지된'이라는 말로 대치하길 바랐다. 보프롱 등의 영향을 받은 몇몇 겁을 먹은 프랑스인은 충고한다는 명목하에 자멘호프에게 자진하여 편지를 보내기도 했다. 그들은 "에스페란토는 단지 언어에 불과했다. 설사 순전히 개인적으로라 할지라도 에스페란토주의를 다른 어떤 사상과 결부시키는 일은 피하자. 왜냐하면, 우리 모두 그러한 사상이 있는 것으로 생각되어 그 사상을 좋아하지 않는 여러 사람이 우리를 못마땅하게 여길지도 모르니까"라고 말했다. "오, 그게 웬 말인가?" 자멘호프는 1906년 쥬네브에서 열린 2차 세계대회의 연설에서 격노하여 외쳤다.

"에스페란토를 자기들의 유용한 일에만 사용하고자 하는 사람들의 마음에 들지 않을까 염려하여, 에스페란토주의의 가장 중요하고 가장 신성한 부분이요, 에스페란토의 투사를 항상 인도해 온 별이며, 에스페란토 운동의 중요한 목적인 그 사상을 우리의 마음 가운데서 꺼내 버려야 한다니! 오오, 아니요, 절대로 안 됩니다. 우리는 강력한 항의와 함께 이 요구를 거부합니다. 만약 에스페란토의 최초 투사인 우리가 우리의 과업에서 이념적인 모든 것을 단념하라고 강요받게 된다면 우리는 우리가 에스페란토를 위하여 썼던 모든 것을 분연히 찢어 불살라버릴 것이며, 슬프지만 우리의 온 생명을 바친 노력과 희생을 포기하고 우리의 가슴에 붙은 '초록 별(Verda Stelo)' [33]을 저 멀리 내팽개쳐 버리고 혐오하는 마음으로 외칠 것입니다. 오직 상거래와 실용의 목적에만 봉사하는 그러한 에스페란토 따위와는 아무런 관계도 갖고 싶지 않다고 말입니다."

스위스 쥬네브의 빅토리아 홀에서 자멘호프는 창백하게 서서 우렁차고 단호한 음성으로 그렇게 언명했다. 우레 같은 박수가 대다수 사람이 이해하고 진심으로 동의하고 있다는 사실을 보여 주었다. 자멘호프는 에스페란티스토가 지금까지 이익에만 눈이 어두웠던 사람이 아니라 오직 투사였다는 것을 확실히 말할 수 있었다. 참으로 그들은 이득이나 실용성의 생각에만 얽매어 오지는 않았다. 그들의 목적과 행동이념은 오직 민족 간의 우애와 정의였다. 그래서 자멘호프는 자기 자신이 모든 이의 가슴 속에 있는 감정을 나타내고 있다는 확신을 두고 말을 계속할 수 있었다.

"이 사상은 에스페란토가 탄생한 맨 처음 순간부터 지금까지 같이 있었습니다. 에스페란토를 창안한 이 사람이 아직 어렸을 적에도 이 사상은 마음을 움직여 주었습니다. 28년 전, 여러 민족 출신의 학생들로 된 한 작은 모임은 미래의 에스페란토가 태어날 표징을 축하하

---

33) '초록 별' 은 에스페란토의 상징이다. 초록색은 평화를, 별은 희망을 뜻한다.

면서 노래를 불렀습니다. 그 노래는 절마다 다음과 같은 말이 후렴으로 되어 있었습니다. '민족 간의 증오여, 사라져라, 때가 왔도다.' 우리의 찬가는 '세계에 도래한 새로운 격정'을 노래하고 있습니다. 창안자를 비롯하여 초기 에스페란티스토의 모든 저작과 모든 말과 행동은 이와 같은 사상을 항상 분명하게 호흡하고 있었습니다. 우리는 절대 우리의 사상을 숨기지 않았습니다. 그것에 대해서는 추호도 의심할 여지가 없습니다. 모든 것이 그것을 말해 주고 있기 때문입니다."

"그렇다면 왜 에스페란토를 '오직 언어로서만' 모든 사람이 우리와 협력하여 우리와 함께 헌신적으로 이익을 바라지 않고 일해 왔을까요? 어찌하여 그들은 세상이 그들에게 무서운 죄악을 저질렀다고 비난할까 봐 두려워하지 않았을까요? 인류가 서서히 하나가 되도록 돕고자 한 그 범죄를 말입니다. 왜 그들은 그들의 말과 감정이 서로 모순되고 있다는 사실을 알지 못하고 있었을까요? 그네들도 우리가 꿈꾸고 있는 것과 똑같은 것을 무의식적으로 꿈꾸고 있으면서도 그 의미 없는 반대자에 대한 부당한 두려움에 스스로 그 사실을 애써 부정하고 있다는 것을 왜 알지 못하고 있을까요?"

"초기의 에스페란티스토가 끊임없는 조소와 엄청난 희생까지도 감수해 왔다면, 한 사람의 가난한 여교사가 에스페란토의 보급 운동에 쓸 돈을 조금씩 저축한다는 목적만으로 오랫동안 배고픈 생활을 하여 왔다면, 그들은 어떤 실용적인 일을 위해서 이 모든 것을 했겠습니까? 임종을 목전에 둔 사람들이 에스페란토는 다 되어가는 인생의 유일한 위안이라고 나에게 여러 차례 써 보내온 일이 있다면, 그들은 그때 실용성을 염두에 두고 있었던 것일까요? 오, 아닙니다. 결코, 아닙니다. 그들은 모두 에스페란토주의에 내재한 내적 사상을 생각하고 있었던 것입니다. 그들이 에스페란토를 좋아했던 까닭은 에스페란토가 사람의 두뇌에 접근시켜 주기 때문이 아니라 사람의 정의(情誼, 서로 친하여진 정)에 접근시켜 주기 때문입니다."

대회 참가자가 느낀 대로 자멘호프는 자신이 취해야 할 가장 현명한 길을 알고 있었다. 에스페란토주의는 그 스스로 에스페란토를 배운 거의 모든 사람을 그 '내적 사상'으로 끌어들이고 있었다. 그것은 그들의 마음을 사로잡고 있었다. 언젠가는 인류인의 세부조직을 논의하는 시기가 올 것이다. 지금은 많은 사람이 세부 강령을 세우는 것을 꺼릴지도 모른다. 여하튼 총체적인 활동을 지향하면서 공통된 분위기를 조성하는 것이 급선무였다. 에스페란토는 언어에 불과하다. 그러나 대회 자체는 그 이상의 것이 되어야 한다. 대회가 '내적 사상'의 제전(祭典)으로서 계속되어야 하리라.

"고대 유대인이 그들의 유일신 사상에 대한 사랑을 일신하기 위해 일 년에 세 차례씩 예루살렘에 모였듯이, 우리도 에스페란토주의의 사상에 대한 사랑을 북돋기 위하여 매년 에스페란토 나라의 수도에 모입니다. 이것은 곧 우리 대회의 필수적인 요소요, 중요한 목적입니다."

이 강령을 자멘호프는 차기 연차대회의 개회 연설을 통하여 제안했다. 그것은 1907년 영국 케임브리지에서 열렸다. 1500여 명이 대회에 참가했다. 약소국에서뿐만 아니라 영국과 같은 강대국에서도 참석했다는 것은 고무적인 승리의 징후였다. 이것은 그들이 에스페란토를 이기적이고 기회주의적인 것으로만 보지 않고 각 민족 간의 정의(正義)와 우애(友愛)에 관한 중대한 사랑으로도 보고 있음을 나타내주었다. "케임브리지의 시민들은 오늘 우리를 그들에게 이익을 가져다주는 상인으로서가 아니라 그들이 이해하며 존중하고 있는 인류인 사상의 사도(使徒)로서 영접하고 있습니다."

실제로 이 점에 대해서는 주로 케임브리지 시장과 그 유서 깊은 대학의 저명인사들이 특별히 언급했다. "우리는 지금 새로운 펜테코스트(오순절)를 맞고 있습니다"라고, 일주일 만에 에스페란토를 배운 저명한 라틴어 학자 마이어 교수가 외쳤다. 창안 스무 돌을 맞은 에스페란토는 축복 속에 어디에서나 들을 수 있었다. 그림같이 아름다운 탑 주위에서, 고딕의 아치 아래서, 푸른 잔디밭 안에서, 굽이치는 강의 보트 위에서, 무수한 조각이 새겨져 있는 다릿돌 사이에서….

대회는 화려했고 성공적이었다. 자멘호프는 영국 이상주의자의 인간성에 감복되었다. 그리고 에스페란토 운동의 발전상과 여러 나라에서 온 많은 참가자를 보고 감명을 받았다. 그 많은 청중이 한마음으로 몸을 떨었다. 마지막 절의 예언적인 말이 천 명의 목청으로 우렁차게 울려 퍼졌다.

중립의 언어를 토대로 하여
서로서로 이해하면은
사람들은 원만한 한 가족 되리.

1887년으로부터 20년이 흘렀다. 에스페란티스토는 어느덧 참된 민중이 되어 있었다. 그들의 소리는 전 세계 방방곡곡에서 들려오기 시작할 것이다. 이 국제적인 핵심으로부터 사상은 전파될 것이다. 이들을 향하여 이제 자멘호프는 미래 인류의 성장하는 민중을 대하는 것처럼 이야기할 수 있었다. 자멘호프에게 대회는 길고 어두운 한 해 가운데 가장 찬란한 시기였다. 그는 현실로 이루어진 꿈 같은 시간 속에서 한 주일을 보냈다. 중립적인 기반 위에서 우애로 공존하는 모든 민족의 사람과 더불어 보냈다. 그것은 하나의 예언적인 광경이었고 용기를 북돋는 것이었다. 이러한 정경은 창밖으로 눈이 쏟아져 내리는 바르샤바의 안과 진료실에서 피곤한 하루를 보내고 명상에 잠겨 있는 저녁때면 곧잘 그의 눈앞에 선하게 떠오르곤 했다. 그 무렵부터 자멘호프는 더욱 자신을 굳게 다졌다. 케임브리지에서 찍은 사진 속 희망에 넘치는 즐거움이 이 마이스트로(Majstro)의 눈과 입술의 근심을 지워 주었다.

모두 그를 마이스트로(대스승)라 불렀다. 그러나 자멘호프는 그러한 칭호를 좋아하지 않았다. 도의상, 그리고 거의 체질적으로도 그 말은 그를 난처하게 했다. 마이스트로보다는 그냥 형제나 친구이기를 바랐다. 겸손하기 때문에. 그렇다. 또한, 자유로워지고 싶었기 때문이었다. 마이스트로란 것 때문에 자멘호프는 명예의 무거움과 노예적인 구속감을 느꼈다. 그는 완전히 공직에서 벗어나고 싶었다. 그가 무엇보다도 좋아한 것은 대회 참가자들과 조용히 이야기를 나누는 일이었다. 자멘호프는 고귀한 생각을 격의 없이 표현하고 토론하기를 갈망했다. 그런데 공직이 여러모로 그를 불편하게 만들었다. 앞서 자멘호프는 불로뉴에서 '언어 위원회(lingva komitato)'를 선출하도록 했다. 그 위원회 위원들이 어휘문제를 협의하여 결정하도록 했다. 그는 에스페란토에 관한 모든 책임과 권한을 위원들에게 매우 만족스럽게 전부 이양했다. 파리에서 자멘호프를 접대했던 부유하고 유명한 안과 의사 자발(Javal)은 그에게 건물과 보수를 받고 에스페란토 운동을 지도해 줄 것을 제안했었다. 자멘호프는 거절했다. 그는 항상 평범하고 자유로운 것을 좋아했다.

'내적 사상'이 자멘호프의 인생 목적이었다. 불로뉴 선언은 오직 에스페란토에 관한 것이었으므로 그는 이념적인 에스페란티스토의 지침이 될 원칙을 명확히 규정할 필요성을 느꼈다. 케임브리지 연설에서 자멘호프는 그것을 실행했다.

"우리는 인류의 모든 민족이 서로 타민족에게 자기 민족의 특성을 고집함이 없이 평화롭게 우애롭게 상통할 수 있는 중립적인 기반을 창조코자 하고 있습니다. 그에 관한 모든 세부 사항을 명확히 작성할 시기는 아직 오지 않았습니다. 그것은 매년 있는 우리의 모임과 공동생활 속에서 조금씩 저절로 형성될 것입니다. 사소한 것에서 시작하여 점차 중요한 것으로 나아가고, 순전히 물질적인 것에서 차츰 인간의 정신과 도의의 제반 국면으로 나아가는 도중에 인간의 우애적인 협조와 민족의 장벽을 제거하는 데 이바지할 여러 가지 방안이 제시될 것입니다. 여기서 우리는 제시된 방안을 맹목적으로 거부해서는 안 될 것입니다. 왜냐하면, 민족 간의 우애 적 협조에 이바지하고 민중 간의 적의(敵意)의 장벽을 제거하는 데 이바지하는 모든 일이, 각 민족의 내부생활을 방해하지 않는다면, 우리의 초록 깃발에 속하는 것이기 때문입니다."

"여러분은 여러분의 마음속 깊은 곳에 초록 깃발이 있음을 느끼고 있습니다. 여러분 모두 그것이 한 언어의 단순한 표상 이상의 어떤 것이라고 느끼고 있습니다. 그리하여 우리가 우리의 연차대회에 자주 참가하면 할수록 우리는 그만큼 더 가까운 형제가 될 것이며 초록기의 원리가 우리의 영혼 속에 더욱 깊이 스며들 것입니다. 많은 사람이 단순한 호기심에서, 혹은 운동 삼아, 심지어는 어떤 이득을 노리고 에스페란토 운동에 참여합니다. 그러나 그들이 '에스페란토의 나라'에 첫발을 디딘 그 순간부터 그들은 본래의 의도에도 점점 이 나라의 법에 끌리어 결국에는 그것에 따르게 됩니다. '에스페란토의 나라'는 점차 우애로 화합된 인류의 교육장이 될 것이요, 바로 이 점에 우리 대회의 주요한 공적이 있을 것입니다."

케임브리지대회가 끝난 후 자멘호프와 대회 전 참가자는 스트롱(T. Verey Strong) 경이 대표하는 런던 시장단에 의해 유명한 런던 시청 길드 홀에 공식 초청되었다. 그 거대한 성당 같은 청사는 그지없이 고명한 수많은 귀빈을 환호 속에서 장엄하게 맞아들이는 곳이었다. 외국 국왕, 승전 장군, 공화국 대통령 등등. 축제가 열리는 고색창연한 건물의 높은 궁형(弓型) 천장 밑에서는 이제 최초로 일개 안과의사의 겸손하면서도 단호한 목소리가 들려오고 있었다. 목적도 위대했고 천재성도 위대했다.

자멘호프는 권력이나 무력의 전쟁을 찬미하지도 않았다. 그는 재치있게, 그러나 분명하게, 아니 힘차게, 애국심과 증오에 관한 열띤 주제를 용감히 말했다.

"사이비 애국자들!" 하고 여러 나라의 국수주의자가 자멘호프의 추종자를 신랄하게 비난했다. 이곳 식장에서 자멘호프는 그들을 향하여 정확히 답변했다. "애국심이 증오를 의미한다면 공격은 정당하다. 반대로 그것이 사랑을 의미한다면" 하고 이제 그는 진지하게 항변하는 것이었다.

조국을 사랑하고, 인류를 사랑하고, 가정을 사랑하는 마음은 누구에게나 있는 법이다. 그러나 '다른 나라와 뿐만 아니라 자기 나라 안에서도 항상 인간끼리 적대하도록 선동하고 있는 사악한 악마들이 도대체 사랑에 대해서 무엇을 알고 있단 말인가?' 그러한 원칙을 교설하는 자들로부터 그는 분연히 돌아선 것이었다.

"싸움의 씨를 뿌리고 다니는 흉악한 자들이여! 그대들은 그대들과 관계만 없으면, 증오는 어떻고 이기주의는 어떠니, 하고 말할 수 있겠지. 그러나 결코 '사랑'이라는 말은 사용하지 말지어다. 그 신성한 말이 그대들의 입안에서 더럽혀지고 말 테니까."

이리하여 그의 마음은 다시 리투아니아의 비알리스토크로, 마을을 둘러싼 웃음 짓는 전원으로, 어린 시절 거닐던 그 정겨운 풍경으로 훨훨 날아갔다. 그때 저녁 해는 언덕을 붉게 물들이고 숲의 가장자리에 검은 그림자를 드리우고 있었다. 그는 그 꽃 만발한 들판을 누이와 함께 얼마나 헤매었던가. 꽃향기와 벌레의 울음소리와 붉게 반짝이던 빛살의 베일과 멀리서 들려오던 마을의 종소리가 귀에 울리는 듯하였다. 오누이는 그 모든 것을 사랑했고 그것들이 전부 자기들의 것으로 생각됐다. 그런데 마을에서는 네 민족이 서로 증오하고 있었다.

"나의 사랑하는 리투아니아, 나의 불행한 조국이여! 그대는 지금 내 눈앞에 있도다. 내 비록 어렸을 적에 그대 곁을 떠났을지라도 나는 결코 그대를 잊을 수가 없도다. 그대여, 나는 때때로 꿈속에서 그대를 보노라. 지상의 어느 곳도 내 마음속에서 그대를 대신할 수 없으니 누가 그대를 더욱 크고 훨씬 깊게 진정으로 사랑하는지, 그대여 증명하여라. 그는 이상가 에스페란티스토이며, 그대의 모든 주민이 서로 우애하기를 꿈꾸어 온 나인가? 아니면 그대를 오직 자기들의 소유물로 하기만을 바라고 그대의 모든 자손이 이방인이나 노예가 되어도 좋다고 생각하는 사람들인가?"

ĈAPITRO IX. Lingvisto

Revojaĝinte Varsovion, el Anglujo Zamenhof kunportis impreson tre ĝojigan. Sed nur du monatojn li ĝuadis trankvilecon. Kaŝita glavo krevigis nubon en aŭtuno.

Se Esperanto progresadis tiel vaste dum antaŭaj dek du jaroj, la kaŭzo ĉefa kuŝis tie, ke jam ĉesis diskutado teoria pri la lingvo mem. En la komenco, multaj aliĝintoj proponis iun aŭ alian reformeton. Demokrate Zamenhof aŭskultis ĉiujn, kaj raportis en gazeto _La Esperantisto_ kun fidela zorgo. Sed la ŝanĝoj proponitaj kontraŭis unu la alian. La unua rondo de l' adeptoj spertis samon, kiel la aŭtoro jam pli frue: nome, kio ŝajnas bela sur papero, tio montriĝas ofte nepraktika en la vivo. Plie kio plaĉas al la unu, tio ĝuste plej malplaĉas al alia. Kial do riski la mirindan vivantecon de la lingvo per danĝeraj rompoj?

En 1894 okazis du voĉdonoj de la centra Ligo. Ambaŭfoje la plejmulto rifuzis ĉiujn ŝanĝojn. De tiam la movado kreskis pli rapide.

Kontraŭ reformado staris ĉefe kaj eĉ fanatike markizo de Beaufront. En Ĝenevo li ĉeestis la kongreson, kaj protestis kun indigno kontraŭ la gazetoj, kiuj uzas novajn formojn.[34]

Memoriginte la oferon de siaj propraj preferoj pri lingvo, li teatre kisis sian Majstron sur estrado de l' ĉambrego. Tiu sceno videble ĝenis Zamenhof. En angulo de l' salono murmuris voĉo de Bourlet: "Judasa kiso".

Honesta kaj lojala, la Doktoro ne ŝatis kredi la kulpigon. Kun dankemo li repensis pri sindona laborado de l' propagandisto franca: Lia karaktero kaj ideoj povis esti ne plaĉaj, sed lia merito restis granda.

En aŭtuno post Kembriĝo kunvenis en Parizo estraro de la "Delegitaro por elekto de lingvo internacia". Fondita de Pariza logikisto Couturat kun helpo de l' Esperantistoj, ĝi kolektis la subskribojn de multnombraj societoj aprobantaj la ideon pri helplingvo. Ĝi celis peti l' Asocion de l' Akademioj, ke ĝi elektu oficiale unu lingvon. La respondo estis nea.

Tiam la fondintoj kunvokis al Parizo komitaton de scienculoj diverslandaj. Tri aŭ kvar ĉeestis mem.[35] La ceteraj sendis ĉu amikon, ĉu sekretarion. Oni petis Zamenhof, ke li nomu advokaton por Esperanto. Li proponis de Beaufront, kiel prezidanton de la Franca Societo propaganda. Li ne volus lin ofendi per alia

---

34) Kontraŭe Zamenhof ĉiam konsilis elprovi novaĵojn per uzado.
35) Couturat, Ostwald, Jespersen, Baudouin de Courtenay, 15-24 oktobro 1907.

prefero, kaj deziris montri al li fidon kaj dankemon.

Tiu fido estis trompata. Anstataŭ defendi la lingvon en la nomo de lia sendinto, la markizo rekomendis mem projekton prezentitan sub la nomo "Ido". Ĝi enhavis gravajn ŝanĝojn de finiĝoj, vortaro, kaj gramatiko. Couturat ĝin subtenis, ĉar preparis kune. Tiel nur Esperanto ne havis veran defendanton, dum ĉiaj sistemoj, _Spokil_, _Parla_, _Bolak_, ricevis advokaton, ofte aŭtoron mem. Kredante, ke Zamenhof konsentos kun de Beaufront, la komitato decidis elekti Esperanton kun ŝanĝoj laŭ la senco de l' "Ido" anonima, celante interkonsenton kun la _Lingva Komitato_.

Kiam la afero diskoniĝis, indigno skuis la Esperantistaron. La ekkrio de Bourlet ĉie ripetiĝis: "Trompo kaj perfido". Dum ses monatoj de Beaufront neis ĉion. Subite li konfesis, ke li mem estas la "Ido". Protestinte, la _Lingva Komitato_ rifuzis ĉiujn ŝanĝojn. Dume Couturat jam komencis disvastigi la projekton, kvazaŭ novan lingvon. Per konduto nek justa, nek lojala, de Beaufront difektis sciencan diskutadon, kaŭzante la enmikson de sentoj ambaŭflanke.[36]

---

36) Eĉ idistoj bedaŭras tion. En sia _Historio di nia Linguo_ Lüsslingen 1912, Prof. Jespersen skribis: "Hike (= tie ĉi) me intencas nek defensar nek kondamnar la morala latero (= flanko) di lua konduto.... Il esis la autoro di la anonima ido-projekto samtempe kam il reprezentis Dr. Zamenhof avan la Komitato."

Zamenhof pli alte staris. Kvankam naŭzita, li proponis lasi for la aferon pri personoj, kaj komenci novan ekzamenon de la ŝanĝoj en publika lumo. Rezultato estis sama: la plimulto ja preferis fidele daŭri sian vojon laŭ devizo de pariza Profesoro Cart: "Ni fosu nian sulkon". Kiel ĉiam la Doktoro submetiĝis demokrate.

Konstante same li sin tenis jam de la komenco. En 1888 li skribis:

"Ĉio bonigebla estos bonigata per la konsiloj de la mondo. Mi ne volas esti _kreinto_ de lingvo, mi volas nur esti _iniciatoro_."37)

Laŭ lia opinio, necesis iam semi en la mondo komunan fundamenton de la lingvo. Tion li faris per _Unua Libro_. Sed:

"Ĉio cetera devas esti kreata de la homa societo kaj de la vivo tiel, kiel ni vidas en ĉiu el la vivantaj lingvoj....
Kompetenta devas esti de nun, ne la aŭtoro aŭ ia alia persono; la solaj kompetentaj nun devas esti: talento, logiko, kaj la leĝoj kreitaj de la plej granda parto de la verkantoj kaj parolantoj.... La lingvo internacia devas vivi, kreski kaj progresi laŭ la samaj leĝoj, laŭ

___

37) _Dua Libro_, Varsovio 1888.

kiaj estis ellaborataj ĉiuj vivaj lingvoj."[38]

Senfine oni povus multigi tiajn citaĵojn de Zamenhof, por ilustri lian lingvan kredon. En tio lia genio montriĝis pli scienca ol la teorio de Couturat kaj de Beaufront. Ĉar vera scienco respektas la faktojn. Ĝi studas la vivon.

Ankaŭ scienco ne konas papojn. Dum ĉiam modeste la "iniciatinto" de Esperanto parolis nur pri "ceteraj lingvoj" aŭ "natura vivo", kaj fidis la popolon de l' uzantoj, kontraŭe de Beaufront volis limigi la progreson per dekretoj. Estante ĉefesperantisto en Francujo, li konstante regis kaj ordonis. Li eĉ eldonis dikan libron de dogmoj gramatikaj.[39] Li insistis pri nura logiko, kaj malfidis ĉion tro naturan. Tre ofte li presigis en sia gazeto tiun frazon: "Antaŭ fakto ĝis nun neniam okazinta, estas malsaĝe peti instruon de historio!" Rimarkinde, la skribmaniero debofronta estis seka, rigida, tro "tradukita".
Kiel en lia esperantismo mankis la interna ideo, tiel en lia stilo mankis tiu salo: la spirito de la lingvo. Laŭ propra komparo lia, Esperanto estis por li kvazaŭ marista signaro; por Zamenhof, lingvo vivanta. Fakte, la du viroj ĉiam reprezentis du komprenojn tre

---

38) _Aldono al la Dua Libro_, Varsovio 1888.
39) _Commentaire sur la grammaire Esperanto_, Paris, Hachette, 1903.

malsamajn. La idista afero nur akcentis tiun veron.

Pri propagando, de Beaufront ankaŭ ŝatis regon, kaj litere malpermesis al iu ajn en Francujo ion starigi sen aprobo lia.[40)]
Kun eldonista firmo li subskribis kontrakton tian, ke ĝi ne povis presigi libron, eĉ de Zamenhof, sen lia cenzuro.[41)]

Kontraste kun tia regemo sonis paroloj Zamenhofaj:

"Mi ne volas eldoni aŭtore plenan vortaron kaj krei laŭ mia persona plaĉo la tutan lingvon de l' kapo ĝis la piedoj.... Por la lingvo internacia, la fundamento reprezentas tiun materialon, kiu estis por ĉiu moderna lingvo en la komenco de regula skriba literaturo.... Kiam la lingvo sufiĉe fortiĝos kaj ĝia literaturo sufiĉe vastiĝos, tiam ankaŭ tio, kio estas en mia broŝuro devos perdi ĉian signifon, kaj sole kompetentaj tiam devos esti la leĝoj de la plejmulto."[42)]

---

40) Vidu _L' Espérantiste_, n-ro 15, marto 1899: "Al la komitato de S.p.p.E. (prezidanto L. de Beaufront), kaj nur al tiu ĉi komitato, oni nepre _devas_ sin turni pri ĉio, kio koncernas propagandon. Al ĝi, kaj _nur al ĝi sole_, apartenas la devo kaj la _rajto_ gvidi nian propagandon." (Substrekis kaj subskribis L. de Beaufront, prezidanto).
41) Tiun kontrakton mi legis mem en arĥivoj de familio Zamenhof.
42) _Aldono al la Dua Libro_, 1888. Pri tiu ĉi temo kaj pri malsamaj tendencoj inter Zamenhof kaj de Beaufront, vidu pli detalajn studojn en _Historio de la lingvo Esperanto_ (Edm. P.),

La vivo, la uzado, la plejmulto, jen estis la reguloj Zamenhofaj, ne decidoj teoriaj post sestaga komitato. En tio li montriĝis vera scienculo. Pro tio lin admiris lingvistoj, kiel Baudouin de Courtenay.[43] Plie li studis medicinon. Li komprenis naturfunkciadon. Male al franca matematikisto, amerikaj filozofoj rekonis ĉe Zamenhof la metodon laŭsciencan. Interalie William James, plej fama pragmatisto: lerninte biologion sub Agassiz, li nur fidis praktikan sperton de la vivo kaj malŝatis _a priori_.

Jam antaŭ li, en 1888, Amerika Filozofa Societo studis la demandon pri mondlingvo. Ĝi konkludis kiel Zamenhof. Ne sukcesinte kunvenigi kongreson de l' Akademioj por decidi pri l' afero, ĝi ne faris kiel Couturat. La raporto de l' sekretario Henry Philipps estis publikigita. Li rekomendis Esperanton kaj komencis ĝin disvastigi. Li eĉ batalis kontraŭ reformistoj.

Laŭ li, nur taŭgis natura disvolviĝo.

Pri tiu temo Zamenhof parolis en _Aldono al la Dua Libro_, kaj denove, dudek jarojn pli malfrue, ĉe la kvara kaj sesa kongresoj en Dresdeno 1908 kaj Washington 1910. Li montris, kiel senhalte kaj senrompe kreskas lingvoj. Malnovaj folioj falas. Novaj

---

Unua parto, Ĝenevo 1912.
43) Prof. Baudouin de Courtenay malaprobis la decidon de Couturat, Jespersen, Ostwald por Ido.

prenas ilian lokon. Branĉoj aldoniĝas. Floroj kaj fruktoj plimultiĝas. La trunko mem grandiĝas. Sed la arbo restas unu sama.

"Granda estas la diferenco inter homo-infano kaj homo-viro, granda eble estos la diferenco inter la nuna Esperanto kaj la evoluinta Esperanto de post multaj jarcentoj.... Iom post iom konstante aperas novaj vortoj kaj formoj, unuj fortiĝas, aliaj ĉesas esti uzataj. Ĉio fariĝas kviete, senskue, kaj eĉ nerimarkeble. Nenie montriĝas ia diferenciĝado de nia lingvo laŭ la diversaj landoj.... Nenie rompiĝas aŭ difektiĝas la kontinueco inter la lingvo malnova kaj la nova.

Malgraŭ la fakto ke nia lingvo forte disvolviĝas, ĉiu nova Esperantisto legas la verkojn de antaŭ dudek jaroj kun tia sama facileco, kiel Esperantisto tiutempa."[44]

En Ameriko Zamenhof klarigis pli detale sian penson. Se iam vere aŭtoritata delegitaro de diversaj regnoj volus iom ŝanĝi Esperanton, antaŭ ol ĝin oficialigi, kiel ĝi agus? Por akcepti kelkajn utilajn vortojn, por limigi l' akuzativon aŭ ĉesigi l'akordiĝon de l' adjektivoj en multnombro, ĉu taŭgus subfosi la tutan laboron de duoncentjaro kaj rekomenci ĉiun sperton

---

44) Tiun saman ŝaton je vivanteco Zamenhof montris en siaj "Lingvaj Respondoj", eldonitaj de _La Revuo_.

per alia vojo? Ĉu necesus ŝanĝi kiom eble plej vaste la tutan vortaron, kaj igi ĝin multe pli malfacila por la popolamasoj?

Ĉu valorus perdi la spiriton de la lingvo Esperanto, ĉe kiu eĉ Slavoj sentas sin hejme, por preferi teorian sistemon kun intence latina ŝajno?

Ne! tio estus nek saĝa, nek necesa. Sufiĉus, ke la Lingva Komitato rekomendu la forlasojn aŭ aldonojn en uzado ĉiutaga.

Post kelka tempo, kutimo ja fariĝus sen ia rompo, se ĝi montriĝus tre praktika. Se ne, eĉ decido la plej alta falus morte. Efektive la sperto baldaŭ montrus ĉu tio, kio sendube estas pli facila en _uzado_, ne igas tiom pli malfacila la _komprenadon_. Zamenhof ne tuŝis tiam la temon pri gajno kaj perdo, sed li konkludis modeste:

"Ĉio, kion mi diris, ne estas ia aŭtora memfido, ĉar mi plene konsentas kaj konfesas malkaŝe, ke por ŝanĝi ion en la natura irado de la internacilingva afero, mi estas tiel same senpova kiel ĉiu alia persono.... La Esperantaj radikoj de la arbo internacilingva jam tiel profunde penetris en la teron de la vivo, ke ne povas jam ĉiu deziranto ŝanĝi la radikojn aŭ ŝovi la arbon laŭ sia bontrovo.... Ĉiu, kiu volos kontraŭbatali tiun naturan iradon, nur perdos senbezone siajn fortojn."

제9장. 언어학자

자멘호프는 영국에서 매우 즐겁고도 인상적인 추억을 가지고 바르샤바로 돌아왔다. 그러나 그가 편안히 지낸 것은 겨우 두 달뿐이었다. 그해 가을, 맑은 하늘에서 날벼락이 떨어졌다.

에스페란토가 만약 지난 열두 해 동안 그처럼 폭넓게 발전했다면 그 주된 이유는 에스페란토어 자체에 대한 이론적 논의가 종결되었다는 데 있을 것이었다. 초기에는 여러 에스페란토 지지자가 사소한 수정을 제의한 적이 있었다. 자멘호프는 민주적으로 모든 의견에 귀를 기울이고 난 뒤 『La Esperantisto』지(誌)에 신중한 우려와 함께 모든 것을 보도했다. 그러나 제시된 대안은 서로 모순되어 있었다. 최초의 지지자들은 창안자가 그들보다 훨씬 이전에 직면했던 똑같은 어려움에 부딪혔다. 즉 종이 위에 쓰였을 때는 좋아 보이던 것이 실제 사용해 보면 사용하기 어려운 것으로 밝혀지고 마는 것이었다. 게다가 이 사람에게는 만족스러운 것이 저 사람에게는 아주 불만족스러웠다. 그런데 왜 이렇게 무모한 손질을 가하여 그 언어의 놀라운 생명력을 위험스럽게 해야 한단 말인가?

1894년 당시 중앙 연맹 회원 사이에 두 번의 투표가 있었다. 두 번다 다수결로 수정이 일절 거부되었고 그 이후로 운동은 더욱 급속히 발전했다. 보프롱 후작은 맨 앞장에 서서 열광적이라 할 정도로 수정을 반대했다. 그는 쥬네브대회에 참석하여 수정안을 채용한 에스페란토 정기 간행물에 대하여 분노하여 이의를 제기했다.[45] 그는 자신이 언어에 대해 자기 자신의 기호를 희생시켰던 사실을 회상하고 대회장의 단상에 서 있는 마이스트로에게 극적인 태도로 키스했다. 자멘호프는 그런 장면에 분명히 당황했다. 한쪽 구석에서 부레뜨가 낮은 목소리로 중얼거렸다. "유다의 키스로군!"

---

45) 그와는 달리 자멘호프 자신은 항상 사용에 의한 자연적 변화를 희망했다.

정직하고 충직한 박사는 그러한 이유를 믿고 싶지 않았다. 그는 감사하는 마음으로 그 프랑스인 보급 운동가의 헌신적인 업적을 떠올렸다. 그의 인격과 사상이 맘에 드는 것은 아니었지만 그래도 그의 업적은 위대했다.

케임브리지대회를 마친 그해 가을, '국제어 선정 대표단' 집행위원회가 파리에서 열렸다. 에스페란티스토의 조력으로 파리의 논리학자 꾸뚜라(Couturat)가 설립한 이 위원회는 보조어의 사상에 동의하는 여러 단체의 서명을 얻기 시작했다. '학술원'에 언어 하나를 공식적으로 선택해 주도록 청원하는 것이 그 목적이었다. 답은 부정적이었다.

그러나 발기인은 곧 각국 학자 위원회를 파리에 소집했다. 3~4명은 직접 참석했고 그밖에는 친구나 비서를 보내왔다. 자멘호프는 에스페란토어의 옹호자 한 명을 지명하도록 요청받고서 프랑스 보급 협회 회장인 보프롱을 추천했다. 그는 다른 사람을 지명함으로써 보프롱의 감정을 상하고 싶지 않았고 그에게 신뢰와 감사를 표하고 싶던 차이기도 했다.

그런데 신뢰는 깨어지고 있었다. 후작은 자기를 지명해준 사람을 대리하여 에스페란토를 옹호하는 대신, 이도(Ido)라는 이름으로 제시된 계획안을 내어놓았다. 이도는 에스페란토의 단어 어미와 어휘와 문법에 상당한 수정을 가한 언어였다. 공모자 꾸뚜라(Couturat)가 그것을 지지했다. 에스페란토의 충실한 수호자는 결국 하나도 없는 셈이 되고 말았다. 위원회는 자멘호프의 뜻이 보프롱과 같을 거라고 믿고 이도라는 가명의 언어에 따른 '수정에스페란토'를 선택하기로 했다. 그러고 나서 에스페란토 언어위원회에 동의를 구했다.

이 사건이 알려지자 에스페란토계에서는 분노가 격발하였다. 부레뜨(Boulet)는 "사기이며 배신"이라고 소리쳤다. 그 말이 곳곳에서 들려왔다. 보프롱은 6개월 동안이나 모든 것을 부정하다가 갑자기 자기 자신이 이도의 주모자임을 실토했다. 에스페란토 언어위원회는 항의를 제기하고 여하한 수정도 거부했다. 한편 꾸뚜라(Cou.turat)는 예의 계획안을 마치 새로운 언어인 양 보급하기 시작했다. 부당하고 의리 없는 행동으로 보프롱은 양편의 감정을 끌어 학적 토론을 어렵게 만들었다.

자멘호프는 고고(孤高)했다. 불쾌하긴 했지만, 그는 사적인 것은 배제되어야 한다고 말하고, 수정 사항을 새로이 공개적으로 검토해 보라고 제안했다. 결과는 마찬가지였다. 대다수가 "우리는 우리의 밭을 갈자" 라는 파리 카르(Cart) 교수의 신조대로 충실히 그들의 길을 일관하고 싶어 했다. 그러나 언제나처럼 박사는 민주적으로 자기의 뜻을 거두고 말았다.

자멘호프는 시종 똑같은 태도를 견지하고 있었다. 1888년에 그는 이렇게 쓰고 있다.

"개선될 수 있는 모든 사항은 세인의 충고에 따라 개선될 것이다. 나는 언어의 창조자이기보다는 그 창시자이기만을 바랄 뿐이다." 46)

자멘호프의 견해에 따르면 언젠가는 세상에 언어의 기초를 제공하여 주는 것이 필요했다. 그런데 그것은 『제일서』로 이미 해냈다. 그러나,

"그 밖의 모든 것은 인간 사회와 실생활 속에서 이루어져야 한다. 그것은 현재 사용되는 모든 언어의 경우에서 보는 바와 같다. 창안자나 그 외의 어떤 사람도 그 이상의 힘을 가져서는 아니 되며, 오직 쓰거나 말하는 사람의 가장 넓은 범위에서 이루어진 재능과 논리와 규칙이 힘을 가져야 한다. 국제어는 현재 사용되는 모든 언어가 훌륭히 발전되어 나온 바탕이 되었던 그 규칙에 따라 생명을 얻어 성장하고 발전해 나아가야 한다." 47)

---

46) 『제이서』 바르샤바 1888년

자멘호프의 언어적 신념을 설명하기 위한 인용을 들려면 아마 끝이 없을 것이다. 이점에서도 그의 천재성이 꾸뚜라나 보프롱의 이론보다 훨씬 과학적이라는 것이 밝혀졌다. 왜냐하면, 진정한 학문이란 사실을 존중하고 실생활을 연구하기 때문이다.

또 학문에는 교황 같은 존재가 없다. 늘 겸손한 에스페란토의 '창시자'가 '다른 언어들'과 '자연생활'에 대해서만 말하고 일체를 사람들의 사용 여부에 따라 믿고 내맡겼을 때, 보프롱은 그와는 반대로 율령으로 발전을 제한시킬 것을 바라고 있었다. 프랑스에서 첫째가는 에스페란티스토인 보프롱은 항상 모든 일을 좌우하고 지휘했다. 그는 엄청난 부피의 문법론을 낸 일조차 있었다. 그는 오직 논리만을 주장했고 자연스럽다 할 만한 것은 무엇이나 불신했다. 그리고 다음과 같은 말을 자주 그의 기관지에 실었다. "이제까지 한 번도 일어난 본 일이 없는 하나의 사실을 두고 역사로부터 배우려고 하다니 어리석은 일이다." 그의 문체가 건조하고, 강직하고, 지나치게 '번역체'라는 사실은 주의해 볼 만하다. 보프롱의 에스페란토주의가 내적 사상이 없듯이, 그의 문체 역시 언어를 운치 있게 사용하는 언어 정신이 빠져 있었다. 그 자신의 비유에 의하면, 그에게 에스페란토는 선원(船員)의 신호법과 같은 것이었다. 그러나 자멘호프에게는 그것이 살아있는 언어였다. 사실 두 사람은 두 가지의 매우 판이한 개념을 항상 주장하고 있었다. 이도 사건은 그 사실을 강조해 주는 일에 불과했다.

보급 운동에도 역시 보프롱은 모든 일을 좌지우지하기를 좋아했다. 프랑스에서는 누구도 그의 승인 없이는 무엇이든 창립할 수 없도록 성문으로 규제하고 있었다. 그는 한 출판사와 계약을 맺었다. 그 계약에 따르면 출판업자가 그의 검열 없이는 아무런 책도 출판할 수가 없었다. 그러한 독재적 횡포와 자멘호프의 말은 뚜렷한 대조를 보여주고 있다.

---

47) 『제이서 추보』 바르샤바 1888년

"나는 창안자라고 해서 완벽한 사전을 펴낸다거나 그 언어 체계를 처음부터 끝까지 내 개인적인 취향에 맞도록 만들고 싶은 생각은 없다. 국제어 기초는 모든 현대 언어가 정규 기술 문학의 발생기에 처했던 재료의 위치를 점하고 있다. 에스페란토가 충분한 세력을 갖게 되고, 에스페란토 문학의 영역이 충분히 확보되면, 그때는 내 작은 책자의 내용도 모든 중요성을 잃게 될 것이며, 오로지 적정한 규칙들이 대다수 규칙이 될 것이다."

'생명', '사용' 등은 자멘호프의 언어적인 규칙이었지 6일 동안 계속된 언어 위원회의 이론적 결정이 아니었다. 이것을 보면 그가 참된 학자라는 것이 입증된다. 이 점에서 보뎅 드 꾸르떼나(B. Courtenay) 같은 언어학자는 자멘호프에게 감탄했다. 더욱 자멘호프는 의학을 전공한 사람이 아니었던가 말이다. 자연의 기능을 알고 있었다. 프랑스 수학자와는 달리 미국 철학자는 자멘호프가 과학적 방법을 사용하고 있음을 알고 있었다. 그들 중에 제임즈(W. James)라는 유명한 실용주의자가 있었다. 아가씨즈 밑에서 생물학을 공부한 그는 생활 속의 실제적 경험만을 신뢰했고 선험적인 것을 배척했다. 그에 앞서 1884년 미국 철학협회는 세계어 문제를 연구한 후 자멘호프와 같은 결론에 도달했다. 그 문제를 결정하기 위한 학술 모임의 집회를 소집하는 데 실패하긴 했지만, 협회는 꾸뚜라와 같이 행동하지는 않았다. 협회 총무인 헨리 필립스의 보고가 발표되었다. 그는 수정주의자와 논쟁을 벌이기도 했다. 에스페란토어의 자연스러운 전개만이 적절한 것이라고 했다. 자멘호프는 이 문제에 대해서는 『제이서』 추록에서 언급했다. 또한, 20년 후에 드레스덴(1908)과 워싱턴(1910년)에서 열린 제4차 및 제5차 대회 때도 말했다. 그는 언어란 부단히 성장하는 것임을 설명했다. 오래된 잎은 떨어지고 새잎이 대신한다. 새 가지가 돋아난다. 꽃과 열매는 더욱 많이 열리게 된다. 그러나 그 나무는 항상 그 나무인 채로 있다.

"어린이와 어른의 차이는 엄청납니다. 현재 에스페란토어와 수 세기 지난 후 성장한 에스페란토어의 차이도 엄청날 것입니다. 새 낱말과 새 형식이 조금씩 조금씩 새롭게 끊임없이 생성됩니다. 어떤 것은 견실해지고 어떤 것은 사멸합니다. 이 모든 것이 조용히, 자연스럽게 알지 못하는 사이에 이어집니다. 나라에 따른 우리 언어의 차이는 나타나지 않을 것입니다. 또 고어와 현대어 사이에 연속성은 단절되거나 손상되는 법이 없습니다. 우리 언어가 지금 활발히 발전하고 있는 것은 사실이지만 새로운 에스페란티스토는 누구나 20년 전 작품을 당시 에스페란티스토처럼 거뜬히 읽어낼 수 있을 것입니다." [48]

미국에서 자멘호프는 자기의 사상을 더욱 자세히 설명했다. 장차 각국 대표로 구성된 참으로 권위 있는 위원회가 공식으로 에스페란토를 채용하기 전에 에스페란토를 일부 수정하기를 바란다고 생각해 보라. 그들은 일을 어떻게 진행할 것인가? 유용한 단어를 몇 개 채택하고, 목적격을 제한하고, 형용사의 복수 일치를 폐지하기 위해 반세기의 작업 전부를 다시 파헤치고 다른 길을 택하여 또 한 번 새로이 완전한 경험을 시작하는 것이 옳겠는가? 또는 가능한 한 모든 어휘를 바꾸어 많은 사람에게 훨씬 어려운 것으로 만들 필요가 있겠는가? 일부러 논리 정연한 체계를 좋아한다는 것을 보여 주기 위해 겨우 라틴어 형태나 갖춰 슬라브인의 마음마저 편안케 해 주는 그 에스페란토어의 정신을 상실케 하는 것이 과연 가치 있는 일인가? 아니다! 그러한 행위는 현명하지도, 필요하지도 않을 것이다. 일상생활 속의 활용을 위해 삭제나 첨가를 제의하는 것은 언어 위원회로서도 충분하다. 실용적이라고 판명된 관례는 얼마간 시간이 흐르면 확고한 틀이 절로 잡힐 것이다. 그렇지 못하다면 최고 권위자의 결정이라 할지라도 결국 헛되이 사멸하고 말 것이다. '사용' 상으로는

---

48) 참고로 그의 "언어문답집"을 볼 것.

분명히 더 쉬워 보이는 것이 '이해소통'을 더욱 어렵게 만들지나 않을지는 사실 겪어보면 알게 될 일이었다. 그때 자멘호프는 득실의 문제를 논하지 않고 다음과 같이 겸손하게 결론지었다.

"내가 말한 모든 것은 창안자인 내가 자신만만해서 그러는 것이 아닙니다. 나는 국제어 운동의 자연스러운 과정상 어떤 것을 수정할 것인가 하는 문제에 대해서, 내가 누구와 마찬가지로 무력하다는 것을 전적으로 수긍하고 솔직하게 고백합니다. 국제어라는 나무에 붙은 에스페란토라는 뿌리는 이미 생명의 땅속으로 매우 깊숙이 뻗어 내려져 있으므로 그 뿌리를 고치고 그 나무를 움직여보려 하는 사람은 누구도 자기 좋을 대로 하지는 못할 것입니다. 누구든지 이러한 자연스러운 과정에 대항하기를 원하고 있다면, 그는 다만 정력을 헛되이 낭비하는 것이 될 뿐입니다."

ĈAPITRO X. Verkisto

Tiu sama gusto je vivo kaj flekseblo retroviĝas ankaŭ en la stilo Zamenhofa. Li ne estis ĥemiisto, astronomo, matematikisto, aŭ eĉ nur lingvisto, teorie diskutanta ĉe komitato. Li estis verkisto. De l' frua infaneco li montriĝis jam poeta. Arto lia estis la uzado de la vortoj. Harmonio kaj muzika sento ĝenerala lin inspiris por la lingvo kaj la stilo. Li hontis pri Esperanto ĝis tiam, kiam ĝi fluis tute dolĉe. Li ĝin eldonis nur tiam, kiam li sukcesis libere verki poemojn en la lingvo. Kiam ĝi aperis, la fundamenta materialo estis malpli la gramatiko, ol la tekstoj kaj la stilo. La dek ses reguloj fakte nur tiriĝis el la lingvo jam uzata kaj provata dum longjaroj. Kiel ame li enblovis ĝian vivon kaj spiriton, tion oni povas ekkompreni per frazo lia: "Konfidi al komitato krei lingvon, estus tiel sensence, kiel ekzemple konfidi al komitato verki bonan poemon".[49]

Iam Dante formis kvazaŭ propran lingvon el diversaj dialektoj de l' italaj regnoj. Iom simile Zamenhof eltiris la komunan elementon el dialektoj hindo-eŭropo-amerikaj por esprimi grandan penson pri frateco homa. La laboro kaj altiĝo estis ja pli grandaj. Tial ni ne miru, ke plejparto de l' genio

---

49) _Esenco kaj estonteco de l' ideo de lingvo internacia_, 1899.

elspeziĝis en la lingvo mem. Restis malpli multe por senmortaj bildoj aŭ impresaj kantoj. Lia propra verkaro estas malvasta, simpla, senpretenda. Tamen ĝi esprimas forte la sopiron de l' homaro. Tamen ĝi inspiris milojn.

Kelkaj prozaĵoj. Kelkaj poemoj, potencaj per sincero. Himnoj en la nomo de multaro. Paroladoj legitaj en kongresoj. Psalmoj de l'estonteco.

Aliaj homoj venos pli malfrue. Ili famigos Esperanton per verkoj jam pli riĉaj. Por ili ĉio estos preta. Tiel li esperis. Ankaŭ pri tio li montris sin humila. Li pasigis longan tempon tradukante ĉefmajstrojn el diversaj landoj.

Jam Goethe parolis pri mondliteraturo. Zamenhof deziris, ke homara lingvo valorigu tiun trezoron por ĉiuj popoloj.

Tial li, vesperon post vespero, nokton post nokto, laboradis sub la lampo pacience kaj fidele, por vivigi en Esperanto _Hamlet_ de Shakespeare, _Ifigenio_ de Goethe, _Dandin_ de Molière, _La Rabistoj_ de Schiller, _La Revizoro_ de Gogol. Lia bonega scio de l' hebrea lingvo lin ebligis majstre zorgi pri la Biblio. Lia Malnova Testamento belege superas la tradukojn en naciaj lingvoj.

Per lia plumo ĝi refariĝis miranda poemaro, kun ritmo de paroloj je ritmo de homvivoj sub okulo dia:

"Vantaĵo de vantaĵoj, diris la Predikanto, vantaĵo de vantaĵoj, ĉio estas vantaĵo. Kian profiton havas la homo de ĉiuj siaj laboroj, kiujn li laboras sub la suno? Generacio foriras kaj generacio venas, kaj la tero restas eterne.

Leviĝas la suno kaj subiras la suno, kaj al sia loko ĝi rapidas, kaj tie ĝi leviĝas. Iras al sudo kaj reiras al nordo, turniĝas, turniĝas en sia irado la vento, kaj al siaj rondoj revenas la vento.... Estas tempo por naski, kaj tempo por morti.... Estas tempo por plori, kaj tempo por ridi; estas tempo por ĝemi, kaj tempo por salti.... Estas tempo por silenti, kaj tempo por paroli. Estas tempo por ami, kaj tempo por malami; estas tempo por milito, kaj tempo por paco. Kian profiton havas faranto de tio, kion li laboras?"[50]

Ne nur senco, sed muziko, ne nur belsono, sed vivo.
La vivo, la impreso de l' momento, la vigleco, la forta bato de l' esprimo;
tio saltis, kuris, kaj rekantis en la stilo Zamenhofa.

Ho kial ne fandiĝas homa korpo,

---

50) El _La Predikanto_, ĉapitroj 1-2. Granda parto de tiuj tradukoj aperis en _La Revuo_ (eldonita de Hachette en Parizo) al kiu Zamenhof kunlaboris tiel.

Ne disflugiĝas kiel polv' en vento!

Tiel ekkrias Hamlet pro indigno kaj honto pri la
konduto de l'patrino. Sed jen aperas la fantomo patra:

Spirito sankta aŭ demon' terura,
Ĉu el ĉielo aŭ el la infero ...
Respondu.... Diru al mi, kial
Sin levis el la tombo viaj ostoj.
Kaj la ĉerkujo, kien mi trankvile
Vin metis, kial ĝi malfermis nun
La pezan sian buŝon de marmoro,
Por vin elĵeti?

Nenio pli simpla ol tiu lingvo. Nenio tamen pli viva kaj
pli riĉa per uzado de l' interna forto disvolviĝa. Post
multjaroj tiuj tradukaĵoj restos ankoraŭ modeloj de
lingvo ĉarma, juna, vivipova. Preskaŭ ĉiuj literaturoj
en Eŭropo centra komenciĝis per traduko de l' Biblio.
Tiu de Ulfilas restas sola dokumento pri la Gota
lingvo. Tiu de Luther signis epokon por la germana.
Sur Slovaka flanko de l' Karpatoj, pastroj skribe fiksis
la nacian lingvon per Evangelio. Prave Zamenhof
deziris postlasi tiun tekston kaj diversajn verkojn de
ĉefmajstroj, kiel parton ja necesan de komenca
fundamento.

De lia prozo originala mi jam citis multajn erojn. Tra

ĝi brulis tiu fajro kaŝita interne en lia modesta persono. Tie montriĝis vigla rezonado, forta volo kaj obstino por konvinki per komparoj kaj logiko. Aludante la inspiron, la provadon, kaj la paciencan amon necesajn por ekfondi lingvon, Zamenhof ekzemple skribis:

"Al homo, kiu ne konas la esencon de muziko, ŝajnas, ke nenio estas pli facila, ol ludi fortepianon -- oni ja bezonas nur ekfrapi unu klavon kaj estos ricevita tono, vi ekfrapos alian klavon kaj vi ricevos alian tonon, vi frapados en la daŭro de tuta horo diversajn klavojn, kaj vi ricevos tutan kompozicion -- ŝajnas, ke nenio estas pli facila. Sed kiam li komencas ludi sian improvizitan kompozicion, ĉiuj kun ridego diskuras, kaj eĉ li mem, aŭdante la ricevatajn de li sovaĝajn sonojn, baldaŭ komencos komprenetadi, ke la afero iel estas ne glata, ke muziko ne konsistas en sola frapado de klavoj. Tiu heroo, kiu kun tia memfida mieno sidiĝis antaŭ la fortepiano, fanfaronante ke li ludos pli bone ol ĉiuj, kun honto forkuras kaj jam plu ne montras sin antaŭ la publiko."51)

La frazoj Zamenhofaj estas ofte longaj. Verkistoj pli modernaj havas malan guston. Sed la rakonto fluas vive kaj rapide. Forto sentiĝas. Ĉe li, la ripetoj ŝajnas

---

51) _Esenco kaj estonteco_, 1899 (Fundamenta Krestomatio).

ne sistemaj. Ili pezas, kiel fruktoj de l' fervoro. Gente kutima je batoj kaj atakoj, li ŝirmis sin per argumentoj, kaj rebatis kontraŭdirojn jam antaŭe. Sed ĉiam ideo kontraŭ ideo, klarigo kontraŭ antaŭjuĝo, neniam homo kontraŭ homo. Tamen, eĉ tia nepersona batalemo en skribado lin timigis. Ĝi ofendis lian noblan amemon kaj ŝajnis al li malhumila. Sur korektita manuskripto de _Homaranismo_, postmorte trovita, mi rimarkis krajone skribitan de lia mano tiun ĉi noton memorigan al si mem: "_Eviti ĉion agresivan!_"

De tempo al tempo, sed neniam intence, vualo pruvema subite diskrakis kaj koro elsaltis nude. Animo pura, pardonema. Naturo sentema, delikata:

"Vi staras nun antaŭ miaj okuloj, mia kara Litovujo, mia malfeliĉa patrujo ..."[52]

Doloro, sed fido, kaj espero super ĉio. Denove la profeta voĉo:

"Longe daŭros ankoraŭ malluma nokto sur la tero, sed ne eterne ĝi daŭros. Venos iam la tempo, kiam la homoj ĉesos esti lupoj unuj kontraŭ aliaj.... Kune kaj interkonsente ili celados ĉiuj al unu vero, al unu feliĉo."[53]

---

52) Parolado en Londona Guildhall, 1907.

En la poemoj Zamenhofaj tiam nur koro vokas. Al kuraĝo, al obstino, al pacienco. La bildoj estas simplaj, mallongaj, la ritmo iom unutona, sed impresa:

Eĉ guto malgranda, konstante frapante,
   Traboras la monton granitan.[54)]

Antaŭ l' apero de l' _Unua Libro_, li verkis pri doloro kaj sopiro siaj: _Mia Penso_, _Ho mia Kor'!_ Poste, lia penso jam fandiĝis en la rondo kunigita per lia lingvo "sub la sankta signo de l' espero". Per tiu lasta vorto li ja nomis la himnon de la "diligenta kolegaro". Ne nur li mem, sed miloj da homoj aŭdiĝas per _La Espero_, nun fama tra la tuta mondo:

Ne al glavo sangon soifanta
Ĝi la homan tiras familion:
Al la mond' eterne militanta
Ĝi promesas sanktan harmonion.

Tiel Zamenhof fariĝis la popola poeto de fervora homareto.
Ankaŭ tie li ŝatis forgesi tute sian personon kaj nur elvoĉi la internan penson de ĉiuj. Kuna sufero, kuna ĝojo; ĉia sento ĝenerala de l' frata rondo inter homoj esperemaj, ĉio plej alta aŭ profunda en komunaj

---

53) Parolado en Londona Guildhall, 1907.
54) El _La Vojo_.

spertoj, tio trovis ĉe li esprimon plej sinceran:

Se longa sekeco aŭ ventoj subitaj
  Velkantajn foliojn deŝiras,
Ni dankas la venton, kaj repurigitaj
  Ni forton pli freŝan akiras.

Tiun ĉi kanton, _La Vojo_, li verkis jam antaŭ la
Bulonja kongreso. Same _Al la Fratoj_ eĉ pli frue.
Melankolie sonas ankoraŭ multaj versoj, sed kiel en
Ŝopena marŝo, post malĝoja malrapido, jen subite
blovas vigla muzikaĵo kuraĝe antaŭen:

Ne mortos jam nia bravega anaro,
Ĝin jam ne timigas la vento, nek staro.
Obstine ĝi paŝas, provita, hardita,
  Al cel' unu fojon signita.[55]

Ĉe Zamenhof, en tiu korpo malforta de malalta viro,
ŝvelis koro sentima kaj volo potenca. Vidu, kiel en ĉiu
verkaĵo revenas la vortoj "celo" kaj "obstino". Laŭ arta
vidpunkto pli ŝatinda estas miaguste la _Preĝo sub la
verda standardo_,[56] kaj eĉ multe pli la prozaĵoj mem
legitaj en Bulonjo kaj Londono. Al ekstera leganto, iu
ajn el tiu poemaro ŝajnas kredeble tro simpla, eĉ
naiva. Same ankaŭ aperas ĉiuj restaĵoj el komenca

---

55) _La Vojo_. Fundamenta Krestomatio, 1903.
56) Citita en ĉapitro VI.

literaturo en komuna lingvo de nacio naskiĝanta. Sed kiu komprenas la fortan senton de la homoj, kiuj amis kaj rekantis ilin, al tiu jam aperas ili sub interna lumo kiel tre valora trezoraĵo. Centjarojn poste, dikaj libroj publikiĝas por ilin laŭdi. Naiveco fariĝis ĉarmo, simpleco, arto la plej granda.

Tiel estos eble pri versaĵoj Zamenhofaj, ĉar ili esprimis unuafoje, ne nur la fervoron de l' Esperantistoj, sed la senton de l' homaro vekiĝanta al konscio. Plenaj artistoj venos pli malfrue; sed benita jam estu tiu popola bardo, kiu, la unua, per orelo de genio, aŭdis en profunda koro de l' homaro la sopiron al hela lumo de frateco!

제10장. 작가

그와 똑같은 의미의 생명력과 유연성이 자멘호프의 문체에도 나타나고 있다. 자멘호프는 화학자가 아니었으며, 천문학자도, 수학자도 아니었고 위원회 같은 데서 이론적 토론에 능한 언어학자도 아니었다. 그는 작가였다. 아주 어렸을 적부터 그는 시인의 재질을 보여 주고 있었다. 말을 다루는 솜씨가 아주 능란하였다. 하모니에 대한 이해와 폭넓은 음악적 감수성은 그의 언어와 문체를 영감으로 이끌어 주었다. 에스페란토가 매우 유창한 언어로 되기 전까지 자멘호프는 그 언어에 만족할 수 없었다. 에스페란토로 자유롭게 시를 쓸 수 있게 되었을 즈음에야 그는 그것을 비로소 발표했다. 에스페란토가 세상에 등장했을 때 그 기본적 체재는 문법보다도 본문과 문체였다. 16개 조항의 기본 문법은 사실 에스페란토가 그전에 수년간 시행되고 사용되던 당시의 언어에서 취해진 것이었다. 자멘호프가 얼마나 깊은 애정으로 에스페란토에 생명과 정신을 불어넣었는지는 그의 다음과 같은 말을 듣고서야 우리는 겨우 깨닫기 시작한다. "언어의 창안을 위원회에 위임하는 일이 있다면 그것은 훌륭한 시를 짓도록 위원회에 위임하는 것처럼 어리석은 일이다." 57)

단테는 그의 시대에 이탈리아 여러 왕국의 갖가지 방언에서 그 자신의 고유한 언어를 창출해내었던 바와 같이 자멘호프도 인도-유럽-아메리카의 서로 다른 방언 간의 공통 요소를 이용하여 인류애의 원대한 사상을 표현하였다. 따라서 우리는 그가 가진 천재성 대부분이 바로 이 언어 분야에서 거의 소모되었다 해서 놀랄 필요는 없다. 불후의 명화(名畵)나 감화력 있는 명곡(名曲)을 위해서는 그의 천재성이 조금밖에 남아 있지 않았다. 그의 저작은 방대하지 않고, 짧고, 단순하고, 겸손한 하나의 집성을 이루고 있다. 그런데도 그것은 인

---

57) 『국제어 사상의 본질과 장래』에서. 1899년 발행

류의 열망을 힘차게 표현하고 있다. 그리고 또한 그것들은 수많은 사람에게 감화를 주고 있다.

얼마간의 산문, 진실로 일관된 힘찬 몇 편의 시, 민중을 위한 찬가, 대회 연설문, 미래를 찬미한 노래…. 다른 작가들이 그의 뒤를 이어 나타날 것이다. 그들은 더 훌륭한 작품을 많이 써 에스페란토의 이름을 높일 것이다. 그리고 이 모든 것은 머지않아 이루어질 것이다. 이것이 바로 자멘호프의 희망이었다. 이 점에서도 역시 그의 겸허한 성품이 나타났다. 자멘호프는 여러 나라의 위대한 명작을 번역하는 데 매우 많은 시간을 보냈다.

괴테는 일찍이 세계 문학에 대해서 말한 적이 있었다. 하나의 인류어가 모든 민족의 그 문학적 보고(寶庫)에 접할 수 있게 하여 주었으면 하는 것이 자멘호프의 염원이었다.

그래서 그는 밤이면 밤마다 끈질기고 충실하게 에스페란토의 생명을 셰익스피어의 『햄릿』과 괴테의 『타우리스 섬의 이피게니에』와 몰리에르의 『조르주 당뎅』과 쉴러의 『군도(群盜)』와 고골의 『검찰관』에 불어 넣고자 램프 밑에서 일하였다. 그는 해박한 히브리어의 지식으로 성서를 훌륭하게 번역해 낼 수 있었다. 그가 번역한 구약성서는 그 아름다움에서 타국어 번역을 능가한다. 그의 펜은 시로 집성된 그 놀라운 작품을 신이 보는 앞에서 다시 인간 생명의 리듬에 맞춘 율어로 바꾸어 놓았다.

Vantajo de vantafoj, diris la Predikanto, vantafo de vantaĵoj, ĉio estas vantaĵo. Kian profiton havas la homo de ĉiuj siaj laboroj, kiujn li laboras sub la suno? Generacio foriras kaj generacio venas, kaj la tero restas eterne. Leviĝas la suno, kaj al sia loko ĝi rapida s….

(전도자가 가로되 헛되고 헛되며 헛되고 헛되니 모든 것이 헛되도다

사람이 해 아래서 수고하는 모든 수고가 자기에게 무엇이 유익한고?
한 세대는 가고 한 세대는 오되 땅은 영원히 있도다
해는 떴다가 지며…) 〈전도서 제1장 2절~5절〉

그것은 의미만이 아니라 음악이며, 아름다울 뿐만 아니라 생명감도
있다. 생명, 순간의 감흥, 박력, 표현의 힘찬 맥박, 그것이 자멘호프
의 문체에서 다시 한번 뛰놀고, 달리고, 노래한다.

Ho kial ne fandiĝas homa korpo,
Ne disflugiĝas kiel Polv' en Vento!
(아! 왜 이 몸뚱아리가 녹아 없어지지 않은지.
차라리 바람 속의 티끌처럼 가루가 되어 날아가 버리지.)
〈햄릿 1막 2장〉

햄릿은 어머니의 행실에 대한 분노와 수치감 속에 이렇게 외친다.
그러나 그때 선친의 유령이 나타난다.

Spirito sankta aŭ demon' terura,
Ĉu el cielo aŭ el la infero…
Respondon… Diru al mi, kial
Sin levis el la tombo viaj ostoj
Kaj la ĉerkujo, kien mi trankvile
Vin metis, kial ĝi malfermis nun
La pezan sian buŝon de marmoro,
Por vin eljeti?
(신령이냐 요귀냐
천상의 영기냐, 아니면 지옥의 독기냐?
대답을 해다오

그대를 안치해 둔 무덤이
어째서 그 육중한 대리석 아가리를 벌리고
시체를 뱉어 놓았는가?)〈햄릿 제1막 제4장〉

이보다 더 단순한 언어가 있으랴. 더우기 그 타고난 성장력에 있어서 에스페란토보다 더 활발하고 더 풍부한 언어가 어디 있는가? 여러 해가 지나도록 이러한 번역은 여전히 매혹적이고, 신선하고, 활력있는 언어의 모델로 남게 될 것이다. 중앙 유럽의 거의 모든 문학은 성서의 번역과 함께 시작되었다. 울필라스(Ulfilas)의 번역은 고트어로 남겨진 유일한 기록으로 남아 있다. 루터의 번역은 독일 문학의 신기원을 이룩했다. 카르파티아산맥의 슬로바키아 쪽으로는 성직자들이 복음서로 국어를 표준화했다. 자멘호프가 에스페란토의 기반이 되는 필수적인 요소로서 성경의 본문과 거장의 여러 작품을 남겨놓기를 원한 것은 온당한 일이었다.

나는 지금까지 그의 글들을 조금씩 여러 번 인용해 왔다. 자멘호프의 산문에는 그의 겸손한 성품 속에 숨어있는 열정이 활활 타오른다. 박력 있는 추론, 비유와 논리로 상대방을 이해시키려는 강한 의지, 그리고 과단성이 그곳에서 엿보인다. 또 자멘호프는 한 언어의 기반을 마련하는데 필요한 영감과 실험과 불요불굴의 사랑을 암시하면서 다음과 같이 말하였다.

"음악의 정수를 모르는 사람은, 세상에 피아노를 치는 것보다 더 쉬운 일이 있을까 보냐고 생각한다. 건반 하나를 누르면 소리가 날 것이요 다른 건반을 치면 또 다른 소리가 날 것이다. 그리하여 한 시간 동안을 줄곧 서로 다른 건반을 쳐, 한 곡을 완전히 칠 수 있을 테니 말이다. 정말 이보다 더 쉬운 일이 없을 것 같다. 그러나 막상 스스로 즉흥곡을 치게 되는 경우가 되면 듣는 사람들은 모두 폭소하며 자리를 떠나 버린다. 그리고 그 자신도 자기가 내는 조잡한 음정을 들으며, 그 일은 역시 범상한 일이 아니며 음악이란 건반을 무작정 두드리는 일 이상의 어떤 것이라고 어렴풋이나마 알아차리게 된다. 누구보다도 잘 칠 수 있다고 으스대며 자신만만하게 피아노 앞에 앉은 용사도, 곧 수치감에 못 이겨 황망히 달아나고 두 번 다시는 여러 사람 앞에 얼굴을 내밀지 못하게 되는 것이다." 58)

자멘호프의 문장은 때로는 길었다. 더 현대적인 작가들은 그와 반대의 취미를 가지고 있지만, 그러나 그의 이야기는 생기가 있고 빠르게 흘러나온다. 힘이 느껴지는 것이다. 그에게는 반복이 비체계적인 것인 듯하다. 그에게는 반복된 문장은 열기의 산물처럼 거북살스럽게 보였다. 공격받는 일에 익숙해져 있는 민족의 출신인 탓으로 그는 논증으로써 자신을 방어하고, 모순에는 앞질러 역습하였다. 그러나 그것은 언제나 사상에 대해서 사상으로, 편견에 관해서 설명으로 상대한 것이었지, 절대 인간에 적대하는 인간으로서가 아니었다. 오히려 그는 신기의 글에 무사(武士)의 호전성이 있을까 봐 걱정하기까지 했다. 그것은 그의 고결한 사랑의 정신에 거슬리는 일이었고 또한 그에게는 그것이 교만스러운 것으로 여겨졌다. 그의 사후에 발견된 '인류인주의'의 개별 원고에서 나는 그가 잊지 않기 위해 연필로 적어 놓은 이러한 구절을 보았다. "호전적인 경향을 일절 피할 것!"
때때로, 그러나 일부러 그러는 것은 아니었지만, 돌연히 논증의 베일이 찢겨 열리고, 그의 흉금이 드러나는 수가 있다. 그의 순결하고 관대한 마음, 그의 다감하고 섬세한 성품이 말이다.

"그대는 지금 내 눈앞에 서 있도다. 나의 사랑하는 리투아니아여! 내 불행한 조국이여!"

---

58) "본질과 장래" 1899年(기본문범에서)

고통, 그리고 그 충직, 그러나 무엇보다도 그 희망, 다시 예언적인 목소리가 울려 나온다.

"우울한 밤이 지상에 여전히 오래 계속될 것입니다. 그러나 영원히 가는 것은 아닙니다. 사람들이 서로서로 적대하는 이리처럼 되지 않을 때가 올 것입니다. 사람들은 모두 한뜻으로 하나의 진리를, 하나의 행복을 추구하게 될 것입니다." 59)

그 당시 자멘호프의 시는 바로 용기와 지속과 끈기를 부르는 하나의 열정이었다. 이미지가 단순하고 짧고, 리듬이 다소 단조로웠으나, 감명적이었다.

"한 방울의 적은 물방울일지라도 끊임없이 떨어지면 화강암의 산을 뚫는다." 60)

『제일서』가 나오기 전에 그는 「Mia Penso(사념)」과 「Ho, mia kor'(오, 내 가슴이여)」에 그의 고통과 열망을 적어 넣었다. 후에 그의 사상은 '희망의 성스러운 표지' 아래서 그의 언어에 의해 결합한 집단으로 흡수되어 들어갔다. '희망'이라는 말을 그는 '근면한 동지들'의 찬가를 명명하는 데 사용했다. 이제는 세계적으로 유명해진 La Espero(희망)로부터는 자멘호프의 소리뿐 아니라 수많은 사람의 소리도 함께 울려오고 있다.

Ne al glavo sangon soifanta
Ĝi la homan tiras familion:
Al la mond' eterne militanta

---

59) 1907년 런던 길드 홀에서 한 연설 중.
60) 시 「길」에서

Ĝi promesas sanktan harmonion.
(피에 주린 칼 앞에는
인간 가족을 이끌지 말고
이 세상 끝없는 싸움터에
성스러운 화평을 약속하여라.)

이리하여 자멘호프는 이 작은 열광자의 집단에서 인망 있는 민중 시
인이 되었다. 자멘호프는 자기 자신의 개성에 전혀 유념치 않고 오
로지 모든 이의 가슴 속에 들어있는 생각만을 나타내고 싶어 했다.
공동의 고민, 기쁨, 그리고 희망에 부푼 형제의 정다운 모임 속에
가득 찬 정감, 그리고 공동의 경험 중에서 가장 고귀하고 가장 심원
했던 모든 것. 그는 그 모든 것을 매우 강렬하게 표현했다.

돌연한 가뭄과 바람이
마른 잎을 따버린다 해도
우린 바람에 감사하리라.
다시금 우린 신선한 힘을 기르리니.

그는 불로뉴대회 전에 위와 같은 시 「La Vojo(길)」을 지었다. 그리
고 그보다 먼저 「Al La Fratoj(형제들에게)」를 지었다. 많은 시행이
우울한 음조를 띠고 있지만, 쇼팽의 행진곡이 그러는 것처럼 느릿느
릿 이어지는 애조의 가락 다음에는 용맹한 일진의 광풍처럼 나아가
는 활기찬 가락이 뒤따른다.
자멘호프의 그 약하고 왜소한 육체 안에는 두려움을 모르는 열정과
굳건한 의지가 가득 차 있었다. 그의 모든 글 속에 '목적'이니
'지속'이니 하는 말이 얼마나 여러 번 되풀이 되고 있는지를 보
라. 예술적인 견지에서 내 기호에 가장 맞는 것은 「Preĝo Sub la
Verda Standardo(초록기 아래서의 기원)」이고 불로뉴와 런던에서

읽은 산문들은 더욱더 각별하다.

 일반 독자에게는 신생국의 초기 문학 작품이 매우 단순하고도 천진
스럽게 보이듯이 이것들도 마찬가지였다. 그러나 그 작품을 애송하
던 사람의 강렬한 느낌을 이해하는 사람에게는 그 작품이 다 고귀한
보석과도 같이 은밀한 광채를 반짝이고 있는 것으로 보인다. 수 세
기가 지난 후에는 그 작품을 찬탄하는 방대한 책이 나오게 된다. 그
리하여 천진난만함은 매혹적인 것이 되고, 단순성은 최고의 예술이
되는 것이다.
자멘호프의 시에서도 마찬가지일 것이다. 왜냐하면, 그 시들은 에스
페란티스토의 열의뿐만 아니라 의식에 눈떠 가는 인류의 걱정까지도
최고로 발현하였기 때문이다. 완숙한 예술성을 가진 작가는 뒤늦게
밝혀진다. 그러나 인류의 가슴 속 깊은 곳에 우애의 반짝이는 광명
을 열망하는 소리가 있음을 그 천재적인 귀로 최초로 들은, 이 만인
의 시인은 우리가 지금 축복해 주더라도 늦지 않다.

ĈAPITRO XI. Etika Pensulo

Prave oni povus diri, ke Zamenhof eldonis ĉiujare novan verkon sub la formo de kongresa parolado. Efektive, li preparis ĝin kun zorgo, kaj pripensis dum la vintro, kia estos ĝia temo.

Kvazaŭ profeta solulo malsupren veninta de monto sia, li unu fojon en la jaro alparolis la popolon, kaj poste remalaperis en silenton.

Pri la lingvaj temoj li ne ŝatis insistadi. Li preferis ĉiam la homarajn ideojn. Sed la kongreso ne estis propraĵo lia. Nur gasto li sin konsideris. Tial li devis kaj ankaŭ deziris ne ofendi la oficialajn invitantojn. En Barcelono ni kunvenis en septembro 1909. Kelkajn tagojn antaŭe, ribelo eksplodis en la urbo. Armitaj kavaliroj ankoraŭ rajdis en la stratoj. Larĝaj fendaĵoj trastrekis la murojn de l' preĝejoj. Du tagojn post la fermo de l' kongreso, Ferrer estis arestita. Ni jam ĉiuj estis for. Sed la Reĝo ankaŭ ŝatis Esperanton. La hispana ministraro eĉ invitis oficiale per la vojo diplomata ĉiujn registarojn alilandajn sendi delegitojn oficialajn. Tial Zamenhof limigis je danko la malferman paroladon.

Pli libera li sin sentis en kunsido privata de l' nove fondita Universala Esperanto-Asocio, kies honora prezidanto li fariĝis.[61]

Tie li revenis al sia temo plej kara:

"Kelkaj Esperantistoj, li diris, havis la bonan ideon fari per vojo privata tion, kion oficiale fari ni ne povis. Ili kunigis ne ĉiujn Esperantistojn, sed nur tiujn personojn, kiuj akceptis la _internan ideon_.... Oni ĉie komprenas, ke U.E.A. liveras taŭgan neŭtralan fundamenton por ĉiuj interhomaj rilatoj kaj servoj, kaj el tiu ĉi reciproka sinhelpado rezultos pli da amikeco kaj estimo inter la gentoj, kaj foriĝos la baroj, kiuj malhelpas ilian paĉan interkomunikiĝon."[62]

En 1911, al la kongreso de la Rasoj en Londono, li sendis rimarkindan ekzamenon de la demando pri gentoj kaj internacia lingvo.

Ĉu malamo inter gentoj havas kaŭzon politikan? Ne, Vienanoj kaj Dresdenanoj simpatias, malgraŭ la landlimo. Dume Slavoj kaj Germanoj batalis en Aŭstrio kaj ekstere. Ĉu ĝin kreas konkurado ekonomia? Ne kreas, sed profitas. Rusaj kaj Japanaj malriĉuloj, estante soldatoj, servas interesojn de la mastroj.
Se ekzistus inter ambaŭ gentoj kompreno reciproka, la milito estus malfacila. Ĉu pli gravas korpaj diferencoj? Ne, ĉar en unu sama gento jam ekzistas tiaj. Eĉ

---

61) Fondita en januaro 1908 de H. Hodler kaj Th. Rousseau.
62) Plena teksto en gazeto _Esperanto_, n-ro 62, Ĝenevo, 20 septembro 1909.

nigruloj ne suferas pro koloro sia, sed pro moroj de la tuta gento. Postsignoj de barbara tempo kaj sklaveco ofendas la blankulojn, kiuj mem estas ja kulpaj pri la krimo. Egaligo kultura ŝanĝus tion post kelkaj generacioj.

Pri deveno kaj hereda sango Zamenhof rebatis la konatan antaŭjuĝon. Post li, famaj antropologoj pruvis en sciencaj verkoj, kiom miksite jam kuniĝis ĉiuj rasoj en Eŭropo.[63]
Inter gentoj staras nur du faktaj diferencoj: lingvo kaj religio.

"La intergenta diseco kaj malamo plene malaperos nur tiam, kiam la tuta homaro havos unu lingvon kaj unu religion....
Daŭros tiam en la homaro tiuj diversaj malpacoj, kiuj regas interne de ĉiu lando kaj gento, kiel ekzemple malpacoj politikaj, partiaj, ekonomiaj, klasaj, k.t.p.; sed la plej terura el ĉiuj, la malamo intergenta, tute malaperos."

Tiel sonis lia konkludo. Samtempe li rekomendis al scienculoj ne tro diskuti teorie, sed konstati faktojn. Ili vizitu Esperantan kongreson. Tie ili vidos per okuloj kaj aŭdos per oreloj, kiel neŭtrala lingvo forigas

---

63) Prof. Eugène Pittard: _Les races chez les belligérants_, Genève 1916.

barojn kaj fremdecon inter gentoj.

Tra la tuta mondo, pli forta blovo ŝovinista jam sentiĝis ĉie. Ondo malama minacis pri venonta ventego. Scienculoj amikaj al Zamenhof petegis lin, ke li ne kompromitu la vastiĝon de la lingvo per lia kredo politika-religia. Ĉie, pro malfido al najbaro, registaroj timis, aŭ eĉ persekutis la ideojn pri frateco inter homoj diversgentaj. Eĉ en paca Belgujo, en Antverpeno 1911, la kongresa parolado devis esti senkolora pro proksimeco al pli potencaj ŝtatoj.

Zamenhof ne povis toleri tion plu. Aeron, aeron por spiri! Ne majstro, sed libera! Jam lia sano difektiĝis. Ankaŭ fizike lia koro batis tro rapide. Spirado malfacila. Laciĝo peza. Antaŭ ol morti, li deziris nepre atingi pli proksimen al vivcelo. La lingvo nur estis unu flanko de afero pli vasta. Neŭtrala fundamento morala devas stariĝi krom la lingva. Ĝuste kontraŭ fluo ŝovinista leviĝu pli alten la standardo homarana. Urĝas voko. Urĝas laboro. Pro tio la Majstro volis rompi kun sklaveco oficiala. For la majstrecon kaj la ĉenoj! Kion li ne povis en Kembriĝo, tion li faros en Krakovo. Lastan fojon li malfermos la kunvenon, kaj reprenos poste sian liberecon:

"La nuna kongreso estas la lasta, en kiu vi vidas min _antaŭ_ vi; poste, se mi povos veni, vi ĉiam vidos min nur _inter_ vi."

Tiel li parolos ĉe la dudek-kvina jubileo de la lingvo Esperanto. Poste, kiel homo privata, li revenos al homarana ideo.

En aŭgusto 1912, l' antikva pola ĉefurbo aŭdis la kanton de la cigno. Tie gardas la muregoj mezaĝaj. Tie staras la dikrondaj turoj. Tie dormas sub arkaĵoj de Vavel la mortintaj reĝoj de nacio krucumita. Kiel ŝtonaj figuraĵoj, ili silentas kun preĝantaj manoj. Ili kuŝas en ĉerkejo sub kapelo Sigismonda.
Kune dormas en eterno la poeto Mickieviĉ. Tie sur la placo, post la ĵuro ĉe Sankta-Mario, la popolo aklamis Kosĉiuŝkon. Tie, en Universitato, Kopernik instruadis.

En urbo memorplena okazis la festo jubilea. Proksime, trans Polujo, kuŝis tiu lando, kie naskiĝis esperantismo. Zamenhof adiaŭis la honorojn:

"Multe, tre multe, tre multe, mi volus diri al vi, ĉar mia koro estas plena ... sed hodiaŭ mi staras ankoraŭ en rolo oficiala, kaj mi ne deziras, ke mia privata kredo estu rigardata kiel deviga kredo de ĉiuj Esperantistoj. Tial pardonu min, ke mi pli ne parolas.

"Kio estas la esenco de la esperantisma ideo? kaj al kia estonteco ĝi alkondukos iam la homaron? Tion ni ĉiuj sentas tre bone, kvankam ne ĉiuj en egala formo kaj grado. Ni donu do hodiaŭ plenan regadon al tiu silenta, sed solena kaj profunda sento; ni ne profanu ĝin per teoriaj klarigoj."

En Berno, je 1913, Zamenhof jam ne parolis, eĉ ne sidis sur estrado. Ame ĉirkaŭata, li sidadis en la mezo de la kongresanoj kun edzino. Li spiris pli libere. Saman jaron aperis nova eldono de l' broŝuro pri "Homaranismo". Hispana samideano represigis ĝin.[64]

En antaŭparolo Zamenhof tre klare diferencigis tri aferojn: Esperanto estas lingvo internacia. La "interna ideo esperantisma" prezentas senton kaj esperon nedifinitajn pri fratiĝo inter homoj sur neŭtrala lingva fundamento. Homaranismo estas speciala kaj tute difinita politika-religia programo, "kiu prezentas mian kredon pure privatan". Per tiu kaj aliaj frazoj li volis liberigi la esperantistaron, kiel tuton, de ĉia "suspektebla solidareco" kun lia persona kredo. Neniu rajtos uzadi ĝin kiel batalilon por ataki Esperanton.

Kiom naŭza estis la spirito reganta tra la mondo! Jen tiu homo, tro alta super sia tempo, devis kvazaŭ honte peti senkulpigon de malgranduloj pro grandeco

---

64) _Deklaracio pri Homaranismo_, de D-ro L.L. Zamenhof, Madrid 1913. Havebla ĉe redakcio de _Homaro_, S-ro A. Thonney, Coquelicot B, Epinettes, Lausanne (Svislando).

sia. Li devis apartigi du progresojn, por ne difekti unu per alia. Sed la divido estis nenatura. La estonteco refaros en la vivo l' unuecon de la penso Zamenhofa. Malgraŭ ĉiu malpermeso de l' ekstero, tamen lia lingvo jam disportas tra la mondo la ĵetitan semon. En multaj koroj ĝi jam kreskis. Prave ŝovinismoj daŭros batali kontraŭ Esperanto. Ĝi minacas ilin je mortigo. Prave ili kaŝe helpas konkurantojn por instigi novan turon de Babelo inter mondaj lingvoj. Tamen ĉio estos vana. La lingvo kaj la celo de l' profeta homo venkos unu per l' alia. Ĉar tie kuŝas la vojo kaj la sorto de l' homaro.

En sia raporto al la kongreso de Rasoj, Zamenhof priskribis tiel ĉi praktikan rimedon por pacigi la vivadon ĝeneralan:

Konservante sian gentan lingvon kaj gentan religion en la interna vivo de sia lingva aŭ religia grupo, la homoj por ĉiuj rilatoj intergentaj uzu lingvon neŭtrale-homan, kaj vivu, laŭ etiko, moroj kaj vivaranĝoj neŭtrale-homaj.

Pri l'unua fako, la lingva, li detale traktis en la raporto, insistante pri tiu ĉi punkto: kulturo devas esti tuthomara.

Neniu havas rajton humiligi aligentan homon, trudante al li sian lingvon kaj nacian formon de kulturo.

Pri la dua, la religia, li nur aludis tie per malmultaj vortoj.

Li pripensis verkon specialan je tiu temo. Cetere, la religia unueco de l'popoloj komenciĝis per si mem jam de longe. En multaj regnoj, ŝtato kaj eklezio jam apartiĝis. Tiel grandiĝis homa libereco. Kiam ĉie malaperos oficiala privilegio por tiu aŭ alia religio, la afero iros pli rapide. Sed ankaŭ sur tiu kampo necesus ekstarigi ian difinitan fundamenton por neŭtrala renkontiĝo.

Tiu ĉi paragrafo staris plej ŝanĝita en la dua eldono de l'_Deklaracio pri Homaranismo_. Estis delikate. Laŭŝajne Zamenhof unue pensis, ke homoj povus samtempe aparteni al sia hejma eklezio kaj vizitadi ian templon superkredan. Intertempe, romaj aŭ grekaj Kristanoj sendube montris al li, ke l' episkopoj malpermesus al siaj fideluloj tian partoprenon. Tiam ili devus elekti inter ambaŭ. La dua teksto do forigis tion, kaj nur lasis kiel devojn de ĉiuj homaranoj: "sincerecon, toleremon al malsamaj kredoj kaj plenumon de moralo frateca". Fondo de kaj aliĝo al sendoktrina komunumo restis nur rekomendate al liberkredanoj, "por fiksi fortike sian religian neŭtralecon kaj savi sian sian posteularon kontraŭ refalo en gente-religian ŝovinismon".

Tie kuŝis la plej forta zorgo de Zamenhof: ke homoj

ne restu en gentaj eklezioj nur pro eksteraj cirkonstancoj. Organizo monda devus esti tia, ke neniu bezonu, malgraŭ sia kredo, algluiĝi al tiu aŭ alia religio, nur ekzemple pro patriotismo, aŭ por ne perfidi siajn samgentanojn.

Homaranismo helpos forigi tiun ĉi devigon al malsincereco. Sed ankaŭ tial la vorto "liberkreda" ne devas signifi speciale ateista. "Liberpensuloj" ofte fariĝis fanatikaj materialistaj sektuloj. Liberkredano estu ĉiu homo, kiu kredas je neniu el la ekzistantaj religioj. Tia komunumo devus aranĝi neŭtrale-homajn festojn, morojn, kalendaron, k.t.p., kiuj povus utili pli malfrue por la tuta homaro. Pro la cirkonstancoj en Oriento, tre urĝa estis tiu flanko praktika.[65]

Oni devas ja memori, ke ĝis la rusa Revolucio 1917, granda parto de Eŭropo havis grekan kalendaron kun diferenco dek-tritaga je l'Okcidenta. Sed ĉu iam estos ĝenerale akceptataj aranĝoj ellaboritaj nur de liberkreda komunumo? Dubante pri tio, Zamenhof revenis poste al sia pli frua ideo. Eĉ se ne ĉiuj religianoj povus tuj partopreni, tamen estus pli bone, ke homaranoj ne nur liberkredaj kunvenu por prepari neŭtralan religion, evitante ĉion ofendan al iu konscienco.

---

65) Detalaj ekzemploj estis jam donitaj en ĉapitro VII.

Iom post iom, komencante de aferoj simplaj kaj transirante al pli altaj temoj, unuiĝo venos, eĉ malrapide, kaj influos la ĉirkaŭan mondon. Zamenhof konsideris kiel krimon, forŝiri iun homon de lia kredo, se ĝi donas al li la internan kontentigon kaj eksteran fratemecon. Ankaŭ en tio li konsentis kun pragmatika filozofo James. Sed ekzistas ĉie milionoj da homoj ne kredantaj je sia religio. Ili nur profitas ĝian kadron eksteran.

Ili baptiĝas, edziĝas, enteriĝas laŭ ĝiaj ritoj. Tion farante, ili helpas al disigo inter gentoj. Eĉ pli grave, ili sin devigas al nevola hipokriteco. Por edukado al infanoj tio estas bedaŭrinda. Baldaŭ ili rimarkas, ke la gepatroj agas kaj parolas nesame.

Se homo nekredanta forlasas pro sincereco ĉiun eklezion, kaj forĵetas kune ĉiun eksteran moron, feston, aŭ solenon religian, tiam ankaŭ la gefiletoj suferos pro vivado tro proza.

Pri tiu temo delikate skribis Zamenhof en nepresita manuskripto, kiun nur postmorte mi tralegis sur lia skribotablo:

"Infanon oni ne povas nutri per abstraktaj teorioj kaj reguloj; ĝi bezonas impresojn kaj senteblan eksteraĵon.

Infano de oficiale deklarita senreligiulo neniam povas havi en la koro tiun feliĉon, tiun varmon, kiun al aliaj infanoj donas la preĝejo, la tradiciaj moroj, la posedado de 'Dio' en la koro. Kiel kruele ofte suferas infano de senreligiulo, kiam ĝi vidas alian infanon, eble tre malriĉan, sed kun feliĉa koro, irantan en sian preĝejon, dum ĝi mem havas nenian gvidantan regularon, neniajn festojn, neniajn morojn! ..."66)

Tria infano de Zamenhof naskiĝis en 1904. Ŝi estis filineto, kiu montriĝis tre frue pensema kaj memvola. La patro respektis ŝian karakteron. La knabineto ja rimarkis ĉion per okuletoj tre klarvidaj. Hejme sur vespera tablo estis teo kun tranĉaĵoj de ŝinko. Laŭ kredo izraela, tio estis peko kontraŭ Dio. Religio malpermesas uzi karnon porkan. Same ĉe katolikoj manĝi viandon vendrede. Sed la patro estis liberkreda. Kial?

En preĝejoj polaj sonoris muzikado de l' orgenoj sub pentraĵoj flamkoloraj. Tie predikadis elokventaj pastroj, aludante al eterna gloro de l' martiroj pro patrujo kaj pro Kristo ambaŭ krucumitaj. Kial ne fariĝi pola kaj kristana?

Tamen, en lernejo, kristaninoj turnis dorson al hebreaj knabinetoj. Tiel ordonis iaj gepatroj ŝovinistaj. Amikecoj simplakoraj estis disrompitaj. Mokaj vortoj sonis. Kie estis amo kaj nobleco? La filineto de Zamenhof silente ĵetis brakojn ĉirkaŭ lian kolon. La

---

66) El projektata Alvoko al Kongreso por neŭtrale-homa religio.

infano ekkomprenis lian grandan korsuferon.
El tiaj malamemaj gepatroj multaj ne kredis la
instruon kristan. Ili ŝatis nur la kadron eklezian. Ĉu
do preferi ateismon?

"Oficiala senreligieco (kiu cetere, miksante nekredon
je dogmoj kun nepra nekredo je Dio, ne por ĉiuj estas
akceptebla) ne multe helpas al la forigo de la religia
diseco inter homoj, ĉar ligi la homojn povas nur
sameco _pozitiva_, sed ne _negativa_. Alproksimiĝas
inter si nur tiaj du homoj, kiuj ambaŭ akceptis por si
la samajn religiajn principojn en difinita formo
konkreta; sed senreligiulo el unu religio kaj
senreligiulo el alia religio restas ĉiam fremdaj al si
reciproke, kiel antaŭe. Krom tio, senreligieco, kiu
donas al la homo neniun pozitivan apogon, daŭras
ordinare ne longe, kaj la filoj aŭ nepoj de senreligiulo
ordinare revenas al ia el la ekzistantaj religioj,
almenaŭ al ĝia eksteraĵo. Ĉiu konkreta religio, kia ajn
ĝi estas, herediĝas senfine en maniero aŭtomata, sed
abstrakta senreligieco ne povas esti heredata."[67]

Ateismo negativa ne povas plenigi homan koron. Por
la personoj, kiuj perdis kredon, devas stariĝi vere
neŭtrala religio, varma, bela, poezia, bazita sur homa
frateco. Ateistoj aŭ serĉantoj al Dio ĉiugentaj,
ĉiulandaj, kaj ĉiutempaj devas trovi tie komunan

---

67) El manuskripto pli supre jam citita.

kuraĝigon al aŭskultado de l' konscienco, komunan proksimiĝon al granda Forto kaj Fonto de l' inspiro fratema.

Kontraŭ neniu religio ĝi estu konstruita kaj ĉiuj kredantoj povu ankaŭ renkontiĝi tie, kiam ili deziros, ekster apartaj dogmoj. Fakte Zamenhof povus uzi la vorton "etiko" anstataŭ "religio", ĉar li nek volis, nek pretendis enkonduki novan kredon aŭ teologion.

"Lasante al ĉiu homo plenan liberecon havi tian internan kredon, kiu ŝajnas al li plej bona, ni proponas nur krei neŭtralan _eksteran kadron_, kiu povus etike, more, kaj komunume unuigi inter si ĉiujn memstare pensantajn homojn, sendepende de tio, kia estas la filozofie-teologiaj kredoj aŭ hipotezoj de ĉiu el ili.

"Ni proponas starigi _neŭtrale-homan_ etikan regularon_, kiu povus fari el la _homoj_ homojn kaj forigus la abomenindan gentan ŝovinismon, kaj la malamon kaj maljustecon inter la gentoj; sed por ke tiu etika regularo ne restu efemera kaj tute senvalora, kiel multaj aliaj ĝisnunaj belaj teoriaj principoj, ni proponas doni al ĝi la formon de tute konkreta, por ĉiam fiksita, infanaĝe ensuĉebla, kaj aŭtomate heredebla religio."[68]

Tiun ĉi projekton Zamenhof intencis diskuti kun

---

68) El sama.

homaranoj okaze de la deka Universala Kongreso de l' Esperantistoj, okazonta en Parizo en aŭgusto 1914. Sed la ĉirkaŭa ŝovinismo timigis la parizajn organizantojn. Ili petegis Zamenhof ne kunvoki tian kunvenon, eĉ privatan, dum la Kongreso. Poste, ili ankaŭ ne konsentis presigi en la programa gazeto lian unuan invitleteron al postkongresa kunsido de homaranoj. Kion dirus la francaj nacianistaj gazetoj, se ili vidus, ke l' aŭtoro mem de la lingvo iniciatas tian aferon? La ondo ŝovinista fariĝis tiel forta, ke ĉio simila danĝerigus eĉ la pacan bonvenon al fremdaj kongresanoj.

Denove korvundita, sed ĉiam neofendema, Zamenhof komprenis. Sed je kio do utilis la Krakova eksiĝo? Ĉu nur la morto igos lin libera disvastigi sian plenan penson? Tamen li decidis veturi al Parizo kaj diskuti kun amikoj pri aranĝo de speciala Kongreso en neŭtrala lando.

Vojaĝe, en Kolonjo la milito lin haltigis la 30-an de julio. Dum plenaj noktoj pasadis trans la Rejno instrumentaroj al buĉado.
La pontoj tremadis sub rajdado senhalta. En tuta Eŭropo pretiĝis junuloj al morto, patrinoj al ploroj. Odoro kadavra minacis aeron....
Tro malfrue. Tro malfrue.... Io rompiĝis en koro Zamenhofa.

제11장. 윤리적 사상가

사실 자멘호프는 대회연설 형식으로 매년 새로운 글을 발표했다고 볼 수 있다. 그는 실제로 조심스럽게 연설문을 준비했으며 겨울철 내내 그 주제의 성격을 숙고했다. 산에서 내려온 은자처럼 그는 한 해에 한 번씩 사람들에게 연설하고는 다시 침묵 속으로 사라졌다. 자멘호프는 언어적 중요한 사항을 길게 주장하려 하지 않았다. 그는 항상 전 인류에 관계된 사상을 더 좋아했다. 그러나 대회 모임이 그의 전유물은 아니었다. 그는 오직 손님에 불과하다고 생각하고 있었다. 그에게는 그를 공적으로 초청해 준 대회 관계자의 기분을 건드릴 권리도, 그럴 마음도 없었다. 우리 에스페란티스토는 1909년 9월 바르셀로나에서 모였다. 그보다 며칠 전에 그곳에서는 반란이 일어났고 무장 기병이 아직도 거리를 순찰하고 있었다. 교회 담벼락에는 많은 탄흔이 남아 있었다. 대회가 끝난 이틀 후, **페러**는 체포되었다. 우리 모두 벌써 돌아갔다. 그러나 국왕은 에스페란토의 진가를 인정하고 있었으므로 스페인 내각은 외교적 채널을 통해 외국의 각 정부에 공식 대표를 보내 줄 것을 요청했었다. 따라서 자멘호프는 개회사를 감사의 뜻을 표시하는 것으로 그쳤다.

그는 새로 창립된 '세계 에스페란토협회(Universala Esperanto-Asocio)' 69)의 사적인 모임에서 더 자유스러운 기분을 느꼈다. 그는 우에아(UEA) 명예회장이 되었다. 거기서 그는 자신의 가장 소중한 문제로 되돌아왔다. 그는 말했다.

"몇몇 에스페란티스토는 우리가 공적으로 할 수 없는 일을 개인적으로 수행해 내려는 매우 훌륭한 생각을 가지고 있습니다. 그들은 일반 에스페란티스토뿐만 아니라 '내적 사상'을 용인하는 여러 사

---

69) 1908년 1월 헥토어 호들러(H. Holder)와 테오필 루소(Théophile Rousseau)가 창립. 현존.

람까지 끌어모아 왔습니다. 세상은 우에아(UEA)가 모든 인간 관계와 상호 봉사를 위해 적절한 중립적 기반을 제공하고 있음을 알고 있습니다. 그러한 상호 협조에서 더욱 두터운 우정과 존경이 민족 간에 싹틀 것입니다. 또 그들의 평화로운 상호 소통을 방해하는 장벽도 사라질 것입니다." 70)

1911년 자멘호프는 런던의 민족대회(La Kongreso de la Rasoi)에 민족 문제와 국제어 채택에 대한 주목할 만한 분석을 보냈다.

민족 간의 증오 원인은 정치적인 것인가? 아니다. 국경을 사이에 둔 빈 시민과 드레스덴 시민은 상호 동정적이다. 반면 슬라브인과 독일인은 오스트리아 안팎에서 다투고 있다. 경제적인 경쟁이 증오를 일으키는가? 다소 그런 점을 인정할 수는 있으나 전적으로 그렇지는 않다. 가련한 러시아인과 일본인이 자기네 군주의 이익을 위해서 군인으로 봉사하고 있다. 그 두 민족이 서로 이해했더라면 전쟁은 일어나지 않았을지도 모른다. 신체적으로 다르다는 것이 더 문제가 되는가? 아니다. 그들은 하나의 같은 민족에 속해 있다. 그 때문에 흑인도 그들의 피부색 때문에 고난받지는 않는다. 민족 전체의 관습 때문에 고난을 받고 있을 뿐이다. 야만과 노예 시대의 착취가 백인을 불쾌하게 하고 있다. 그러나 백인이야말로 그 범죄에 대해 죄가 있지 않은가? 문학적 평등이 수 세대 안에 이것을 변화시킬 것이다. 자멘호프는 혈통과 유전에 관한 그 주지의 편견에 항변했다. 그의 뒤를 이어 유명한 인류학자들이 학술적 탐구 때문에 여러 민족이 어찌하여 유럽에서 뒤섞여 살게 되었는지를 밝혀냈다.71) 그것은 오직 두 가지 실제상의 상이점, 언어와 종교로 인하여 분열되어 있다.

---

70) 전문은 1909년 9월 20일 쥬네브에서 발행된 에스페란토지에 실려 있음.
71) 외젠 피타르(Eugene pittard) 교수 저, 교전하는 사람들의 인종(Les races chez les belligérants), 쥬네브(1916년)

"민족 간의 분열과 증오는 인류가 하나의 언어와 하나의 종교를 가질 때에야 비로소 완전히 사라질 것입니다. 물론 각 나라, 각 민족 자체내의 분쟁, 예를 들면 정치적, 당파적, 경제적, 계급적 분쟁은 여전히 계속될 것입니다만, 무엇보다도 처절한 민족 간의 증오는 완전히 사라질 것입니다."

그것이 자멘호프의 궁극적 판단이었다. 그는 학자에게 이론적인 논의에 너무 의존하지 말고 현상을 확인해야 한다고 권고했다. 그들이 에스페란토대회를 참석해 보라. 거기서 그들은 중립어가 어떻게 하여 민족 간의 장벽과 이질성을 파괴하는지를 눈으로 보고 귀로 들을 것이다.

전 세계에 배타적 국수주의의 강풍이 불고 있음을 알 수 있었다. 폭풍처럼 증오의 물결이 밀려올 것 같았다. 자멘호프를 친근하게 대하는 저명한 학자는 정치적, 종교적 신조로 인하여 에스페란토의 보급을 방해하지 않도록 권고했다. 여러 나라가 인접국에 대한 불신에서 민족 간의 우애 사상을 두려워한 나머지 박해하기에 이르렀다. 평화로운 벨기에에서조차 1911년에 행한 안트워프대회 연설이 무의미한 것이 될 수밖에 없었던 것은 주위의 강대국 때문이었다.

자멘호프는 더 이상 참을 수 없었다. 공기를! 공기를! 숨구멍이 좀 트여야 한다. 마이스트로보다는 자유로운 평민이고 싶었다. 건강이 악화했다. 신체적으로도 심장이 너무 격하게 뛰었다. 호흡이 곤란하고 피로를 견디기 어려웠다. 죽기 전에, 무엇보다도 그의 인생의 목표에 한 발자국이라도 더 다가가고 싶었다. 에스페란토는 대과업의 일부분에 불과했다. 중립적인 언어적 기초뿐만 아니라, 중립적인 윤리적 기초도 확립되어야 했다. 인류인의 깃발은 범람하는 국수주의의 물결보다 더 높이 게양되어야 한다. 호소는 다급하다. 과업도 시급하다. 이 일을 위해서 마이스트로는 공직의 속박에서 벗어나고 싶었다. 지도자적인 사슬에서 벗어나자! 케임브리지에서 할 수 없었던

일을 크라쿠프에서는 하고 말리라. 그는 대회를 마지막으로 개회를 하고는 자유를 회복할 것이다.

"제가 여러분 앞에 설 수 있는 것도 이 대회가 마지막입니다. 앞으로 혹 제가 올 수 있다면 여러분은 항상 여러분 사이에서 저를 보게 될 것입니다."

자멘호프는 에스페란토 발표 25주년 기념식에서 그렇게 말했다. 그 뒤로는 평범한 개인으로서 인류인 사상으로 돌아갈 수 있었다.
1912년 8월, 폴란드의 옛 수도는 최후의 절창(고별의 노래)을 들었다. 중세의 장엄한 성벽과 웅장한 탑들이 지켜보고 있고, 바벨의 첨탑 밑에는 수난당한 민족의 왕들이 잠들어 있다. 그들은 침묵의 석상처럼 손을 모아 기도하며 안식하고 있다. 그들은 시기스몬트의 예배당 지하 납골소에 누워있다. 그리고 시인 미츠키에비츠가 그들과 함께 영겁의 잠을 자고 있다. 사람들은 성 마리아께 엄숙히 맹세한 뒤에 광장에서 코스치우스코를 환호로 맞이하였다. 코페르니쿠스는 이곳 대학의 교수였다.
요베루 제(祭)는 이 유서 깊은 고도에서 거행되었다. 가까이 폴란드 땅 너머에는 에스페란토주의가 탄생한 땅이 있다. 자멘호프는 형식상의 명예와 작별을 고했다.

"제가 여러분에게 말씀드리고 싶은 것은 매우 많습니다. 정말 얼마나 많은지 모릅니다. 저의 가슴은 지금 벅차 있습니다. 그러나 저는 아직 공직을 맡은 몸입니다. 그래서 저는 저의 개인적인 신념이 모든 에스페란티스토가 가지는 의무적인 신조와 같은 것이라고 잘못 여겨지기를 원치 않습니다. 그러니 제가 더 말하지 않더라도 용서하여 주시기 바랍니다.
에스페란토주의 사상의 본질은 무엇인가, 그리고 그것은 장차 인류에게 어떤 미래를 약속하는 것인가 하는 것을 우리는 피부로 느끼고 있습니다. 모든 사람이 똑같은 형태, 똑같은 정도로 느끼고 있는 것은 아닐지라도 말입니다. 그러나 오늘 우리는 이 조용하면서도 엄숙하고 심원한 감정을 잘 다스립시다. 그리고 언어의 유희로 이 감정을 모독하지 맙시다."

1913년에 열린 베른대회에서 자멘호프는 연설하지 않았다. 단 위에 앉아 있지도 않았다. 다른 참가자에게 둘러싸여 그는 부인과 함께 회의석 가운데 앉아 있었다. 이제야 제대로 숨 쉴 수 있을 것 같았다. 그해 『인류인주의(Homaranismo)』의 신판이 나왔다. 한 스페인 동지가 재판(再版)을 내어 주었다.[72]

서문에서 자멘호프는 세 가지 사항을 매우 명료하게 구별하고 있었다. 에스페란토는 국제어다. '에스페란토주의의 내적 사상'은 중립어를 기초로 하여 인간이 서로 우애하기를 바라는 하나의 미정의(未定義)된 감정과 희망을 나타낸다. 『인류인주의(Homaranismo)』는 '순전히 나의 개인적인 신념을 나타내는' 특수하고 매우 뚜렷한 정치적 종교적 강령이다. 이러한 종류의 말로써 그는 에스페란티스토 모두 그의 개인적 신념과 '무슨 개인적 관제가 있을 거라는 세상의 의심'을 없애고 싶었다. 아무도 그것을 에스페란토를 공격하기 위한 무기로 삼지는 못할 것이다.

얼마나 한심스러운 경향이 세상에 만연해 있었던가? 자기 시대와 비교하면 너무 고결해서, 부끄럽게도 자신의 위대성이 무슨 죄나 되는 것처럼, 저급한 사람에게 잘못됐다고 사과해야 하는 사람이 있었다. 그는 발전적인 두 가지 운동을 따로따로 분리해 놓지 않으면 안 되었다. 그중 하나가 다른 하나를 해치지 않게 하려고 말이다. 그러나 그러한 구분은 부자연스러웠다. 장래 자멘호프의 사상은 하나로 통

---

72) 1913년 마드리드에서 발행된 그의 '인류인주의선언'에서.

일될 것이다. 에스페란토는 이미 갖가지 외부적 장애에도 온 세상에 그 씨앗을 전파하고 있었다. 국수주의자가 에스페란토와 싸움을 계속하고 있는 것도 당연한 일이다. 에스페란토는 그들의 사멸을 재촉하는 것이기 때문이다. 그들이 경쟁자를 은밀히 도와 세계의 여러 언어 가운데 또 다른 새로운 바벨탑을 세우려는 것도 그럴만한 일이다. 그러나 그 모든 것은 허사가 되고 말 것이다. 에스페란토와 예언자 사상은 이기고 말 것이다. 왜냐하면, 그곳에 인류의 길과 운명이 놓여 있기 때문이다.

'민족대회'에 제출한 보고서에서 자멘호프는 모든 생활에 평화를 가져오게 하는 실제적인 방도를 다음과 같이 쓰고 있다.

"언어적, 종교적 집단의 내부생활에 고유의 민족어와 민족 종교를 지키려면, 민족 상호 간의 모든 관계에서는 모두 중립 어를 사용하고 중립적인 생활윤리와 관습과 제도에 따라서 생활해야 한다."

자멘호프는 첫 요점인 언어 문제에 대해서 보고서에 상세히 논술하고, 문화는 전 인류적이어야 한다고 주장했다. 누구도 자기 언어와 자기 나라 특유의 문화 형태를 다른 민족의 사람에게 강요하여 그들에게 모욕을 줄 하등의 권리가 없다.

둘째 요점인 종교적인 문제에는 단지 몇 마디의 언급으로 암시에 그치고 말았다. 그러나 그는 그 점에 관하여 특별한 일을 계획하고 거기에 각별한 열의를 쏟고 있었다. 더욱이 여러 민족의 종교 통합은 저절로 이루어지고 있었다. 많은 나라에서 정교(政敎)가 분리되어 인간의 자유가 신장하였다. 종교에 대한 관권(官權)이 모든 면에서 자취를 감출 때, 과업은 더욱 신속히 진전될 것이다. 그러나 이 분야역시 사람이 공동의 발판 위에서 서로 만날 수 있는 명확한 기초를 확립하는 게 필요하리라.

이 대목이 『인류인주의선언(Deklarado pri Homaranismo)』의 제2판

에서 대폭 수정되었다. 미묘한 일이었다. 우리가 보기에 자멘호프는 처음에는 자기 가정의 종교에 속하면서 교의를 초월한 어떤 중립종교의 전당을 찾을 수 있으리라 생각했다. 그런데 그 후에 그는 로마가톨릭이나 그리스정교도를 보고 깨달았던 모양이다. 주교들은 신자들에게 그러한 것을 금할 것이고 신자들은 불가불 두 가지 중 하나를 택해야 하리라는 것을. 따라서 제2판에는 이 부분이 삭제되어 있었고, 인류인의 의무로서 "성실, 다른 신앙에 대한 관용, 우애 도덕의 실행" 등만을 남겨 놓고 있었다. 교의를 가지지 않는 어떤 공동체를 수립하고 지지하는 일은 "종교적 중립성을 강화하고 후손의 민족적, 종교적 국수주의에 빠지는 것을 막기 위해" 자유신앙가를 위한 하나의 권고로서만 남겨 두었다. 자멘호프가 가장 염려하는 문제는 이것이었다. 즉 인간은 외부 환경 때문만으로 민족적 종교에 머물러서는 아니 된다는 것이다. 세계는 하나의 훌륭한 유기체가 되어야 하지 않을까? 개인적으로 신념을 가지고 있는데도 그저 애국심 때문이나 동족을 배반치 않겠다는 생각에서 특정한 종교를 지지할 필요는 없다.

인류인주의는 이 강요된 위선을 종식하는 데 힘쓸 것이다. 그렇다고 '자유신앙'이라는 말이 반드시 '무신론'을 의미할 필요는 없다. 자유신앙가는 때로 광적인 유물론자가 되기도 한다. 그러나 자유신앙가는 현존하는 어떠한 종교도 믿지 않는 사람이어야 한다. 자유신앙가의 집단은 장차 전 인류가 사용할 수 있는 중립적 제전(祭典)과 풍습과 역법(曆法)을 만들어내야 할 것이다. 실제로 이는 동유럽의 여러 가지 조건으로 봐서 매우 시급한 것이었다.

사실 1917년 러시아혁명까지는 동유럽 대부분이 서부와는 13일이 다른 그리스력(曆)을 사용하고 있었다는 사실을 간과해서는 안 된다. 그러나 과연 자유신앙가가 고안한 조정안이 일반적인 용인을 받을 것인가? 이 점이 의심스러워서 자멘호프는 그의 초기 사상으로 돌아왔다. 각 종교의 구성원 전부가 즉시 이 계획에 참여할 수는 없다손

치더라도 그것은 자유신앙가에게나 인류인에게도 매우 좋은 일이다. 다들 만나서 누구나 양심에 꺼리지 않을 중립적인 종교를 만들어낼 수 있을 테니까.

간단한 일부터 시작하여 어려운 일을 해 나가는 데는 많은 시간이 걸리겠지만, 통합은 이루어질 것이고 주변 세계에 영향을 줄 것이다. 사람에게서 신념을 박탈하는 일은 설사 그것이 영혼의 만족을 주고 우애 있는 행동을 하게 한다 할지라도 죄악이라고 자멘호프는 생각했다. 그 점에 있어서 그는 실용주의철학자 제임스와 동감이었다. 그러나 곳곳에서 수많은 사람이 종교를 참된 신앙으로 받아들이지 않고 종교의 외적 체제만을 이용하고 있다. 그들은 그 종교의 의식에 따라 침례를 받고, 결혼식을 올리고, 장례를 치른다. 그렇게 행함으로써 민족 간의 분리를 부채질한다. 그리고 심지어는 본의 아닌 위선에 스스로 얽매어 놓고 있다. 이것은 어린아이의 교육에도 좋지 않은 일이다. 아이는 부모의 행동과 말이 일치하지 않는다는 것을 곧 깨닫게 된다.

그러나 아버지가 철저한 비신앙 때문에 모든 교파와 인연을 끊고 외부적인 모든 인습과 잔치와 종교의식을 거부한다면 그의 아이 역시 너무나 무미건조한 생활을 하게 된다. 자멘호프는 한 미발간 원고에서 이 점을 의미 있게 기록하고 있었다. 그 원고를 나는 그의 사후 그의 책상 위에서 발견하였다.

"어린애는 추상적인 이론이나 법칙으로 양육될 수 없다. 어린애에게는 스스로 영향받을 수 있는 환경과 감화가 필요하다. 정식으로 무종교주의자라고 딱지 찍힌 어린애는 다른 아이처럼 교회와 전통적인 관습과 신(神)을 알게 됨으로써 가지게 되는 행복과 따뜻함을 마음속에 가질 수가 없다. 종교를 갖지 않은 사람의 자녀는, 다른 아이가 비록 가난해도 행복한 마음으로 교회에 나가는 것을 볼 때 자기에게는 인도해 줄 규율도, 잔치도, 관습도 없다고 생각되어 얼마나 마음이 쓰라릴 것인가?"

자멘호프의 셋째 자녀가 1904년에 태어났다. 조그만 딸 아이였는데 매우 일찍부터 생각이 깊고 독립심이 강했다. 아버지는 그 애의 성품을 존중해 주었다. 이 여자애는 모든 것을 총명한 눈으로 관찰했다. 가족끼리의 저녁 식탁에 차와 햄이 올라왔다. 유대인의 신앙으로는 그것이 신에 대한 죄악이었다. 교리상 돼지고기를 먹는 것이 금지되어 있었다. 천주교에서는 금요일에 고기를 먹는 것을 금하고 있었다. 아버지는 자유신앙가였다. 왜?

폴란드의 교회에서는 휘황찬란한 채색화 밑에서 오르간 음악이 울려왔다. 능변의 사제들이 조국과 그리스도를 위하여 십자가에 못 박힌 순교자의 영원한 영광에 대해 설교했다. 왜, 폴란드인과 그리스도인이 되지 못하는가?

학교에서는 그리스도를 믿는 여자애들이 유대 소녀들에게 등을 돌렸다. 국수주의적인 부모들이 그렇게 가르쳤다. 천진난만했던 우정은 깨어졌다. 조롱하는 소리가 들렸다. 도대체 어디에 사랑이라든가 고상함이 있었던가? 자멘호프의 어린 딸은 말없이 턱을 괴고 생각했다. 그 애는 아버지 가슴속의 깊은 고뇌를 깨닫기 시작했다.

이처럼 심술궂은 부모님 때문에 많은 사람이 그리스도의 가르침을 믿지 않고 있었다. 그들은 오로지 교회의 외부체제만 좋아했다. 그렇다면 무신앙이 오히려 낫지 않겠는가?

"종교에 대한 공적인 반대(더구나 그것은 독단에 대한 불신과 신(神)에 대한 불신을 혼동하고 있어서 모든 사람이 그것을 받아들일 수는 없다)는 종교적 분열을 제거하는 데 별 도움을 주지 못한다. 왜냐하면, 사람들은 '긍정적'인 동질성으로 결합할 수 있지 '부정적'인 동질성으로 결합하는 것이 아니기 때문이다. 사람들은 명확하고 '구체적'인 형식의 같은 종교적 원칙을 다 같이 용인할 때만 서로 접근한다. 단순히 자기가 종교를 버렸다 해서 서로 친구가 되는 것은 아니다. 종교를 갖지 않는다든가 종교를 적극적으로 지지하지 않는 상태는 보통 오래가지 않는다. 무신앙가의 자녀나 그 자녀의 자녀는 으레 어느 정도는 현존하는 어떤 종교에 돌아오고 만다. 구체적인 종교는 어떤 성격의 것이든 간에 자동으로 부단히 전수되는 것이지만 막연한 무신앙주의는 그렇지 못하다."

부정적인 무신앙주의는 사람의 마음을 충족시킬 수 없다. 신앙을 잃은 사람에게는 따뜻하고, 아름답고, 시적이고, 인간애에 기초를 둔 진실로 중립적인 종교의 확립이 필요하다. 모든 민족, 모든 지방, 모든 시대의 무신앙가나 신을 찾는 자는 서로 양심에 귀를 기울이고 서로 독려하는 가운데 그 중립적 종교를 찾아야 한다. 그리고 위대한 '힘'과 우애를 고취하는 그 근원으로 서로 접근함으로써 그것을 찾아야 한다. 그것은 어떤 종교에 반하여 세워져서는 아니 된다. 그리고 모든 신앙인은 서로 원할 때면 언제나 그들의 상반된 독단을 떠나 그 중립적인 종교 안에서 만날 수 있어야 한다. 자멘호프는 '종교'라는 말 대신에 사실은 '윤리'라는 말을 사용했을지도 모른다. 왜냐하면, 그는 새로운 신앙이나 새로운 신학을 도입하기를 바라지도, 주장하지도 않았기 때문이다.

"가장 훌륭하다고 생각하는 내적 신앙을 가질 수 있는 완전한 자유를 모든 사람에게 남겨 주고, 우리는 단순히 중립적인 '외적' 체제만을 만들어 내자고 제의한다. 이 중립적인 외적 체제란 독자적, 독립적으로 자신이 철학적, 신학적 믿음이나 위선의 정체를 밝히려는 모든 사람을 윤리적, 관습적으로 결합해 줄 수 있는 체제다."

"우리는 혐오스러운 민족적 국수주의와 민족 간에 존재하는 증오와 불의를 없앨 수 있는 체제를 확립하자고 제안한다. 그러나 이론적으로만 훌륭했던 이전의 많은 체제와 같이 이 윤리 체제를 단명(短命)

하고 무가치한 것으로 만들지 않기 위해서 우리는 이 체제에 어린애와도 동화할 수 있고 자동으로 전수할 수도 있는 구체적인 종교적인 형태를 부여하자고 제안한다."

자멘호프는 1914년 8월 파리에서 개최 예정인 제10회 에스페란토 세계대회에서 이 계획을 세계인과 함께 토론하려고 했다. 그러나 파리의 주최자들은 주위의 국수주의자를 두려워하고 있었다. 그들은 자멘호프에게 대회 기간 중 그러한 모임을 하지 말도록 부탁했다. 사적으로도 안된다는 것이었다. 나중에는 프로그램에다 대회 후로 예정된 인류인의 모임에 대한 자멘호프의 초청 서신을 인쇄하는 것조차 동의하지 않았다. 프랑스의 민족적인 신문들이 에스페란토의 창안자가 그러한 문제를 주도하고 나선 것을 알게 된다면 무어라 하겠는가 하는 것이었다. 국수주의의 물결이 너무도 거세었다. 그래서 대회에 참가하는 외국인들을 평화롭게 환영하는데 그런 따위의 일은 아예 집어치워야 했다. 남의 감정을 상하게 하지 않는 자멘호프는 또다시 마음이 아팠으나 모든 것을 이해했다. 하지만, 그렇다면 크라쿠프에서 한 은퇴가 무슨 소용이 있는가? 죽어서만이 자기의 사상을 완전히 자유롭게 전파할 수 있단 말인가? 그는 파리로 가서 특별대회를 중립국에서 열 수 있는지 어떤지 친구들과 의논해 보기로 작정했다.

가던 중 7월 30일에 전쟁이 일어나 그는 꼴로느에서 발이 묶였다. 밤마다 살육을 위한 무기들이 라인강 건너로 수송되었다. 그치지 않는 차량의 행렬로 다리가 흔들렸다. 유럽 전역에서 젊은이들이 죽음을 준비하고 있었고 어머니들은 눈물을 흘렸다. 음산함과 시체의 악취가 대기에 감돌고 있었다. 너무 늦었다, 너무! 자멘호프의 가슴 속에서는 무언가 무너지고 있었다.

ĈAPITRO XII. Homo ĉe Morto

Homaron Vi kreis perfekte kaj bele,
Sed ĝi sin dividis batale;
Popolo popolon atakas kruele,
Frat' fraton atakas ŝakale.

Tiuj versoj eĥadis en memoro Zamenhofa dum oktaga reveturado al Varsovio, senpaka, senseĝa, senmanĝa, senhora, en vagonoj plenegaj, tra Skandinavio–Peterburgo. Lia edzino kunestadis, ĉiam vigla, senlaca, flegema.

Malsano kaj malĝojo lin premis ĉe koro. Hejme li restadis nun.
Li povis nek marŝi, nek spiri facile. Ĉirkaŭe la batalo teruris. Pafilegoj ektondris ĉiam pli proksime. Flugŝipoj ĵetis bombojn sur la urbon. Eĉ unu falis en la straton Dzikan.
Sed ne tio lin timigis. Al penso pri morto li jam kutimiĝis. Kio estas ja danĝero? Pli akraj, pli doloraj estis la malamo kaj ŝovinistaj pasioj ĉie nun ellasataj, kiel bojemaj tigroj el kaĝo. Super tuta mondo subite falis dronego je mallumo, mensogo, malmoralo. La milito venenis ĉion. Dume suferis senkulpuloj kaj heroe falis amasege.

En Varsovio la vivado fariĝis abomena. Rusaj armeoj

plenigis la urbon. Kozakoj trarajdis. Ĉerkesoj tramarŝis, kantante laŭritme rabkantojn. La Poloj tremis, sed pli tremis la Hebreoj.

Kontraŭ ili turniĝis la incitoj. Ilia lingvo similas la germanan: "Spionoj!" Ili ne montris entuziasmon: "Perfiduloj!" Al rusa guberniestro pluvis anonimaj kulpigoj kontraŭ judaj butikistoj. Multaj estis mortpafitaj. Rusofila gazetisto atakis eĉ Zamenhof, "danĝeran internaciulon". Mi lin vidis en printempo 1915 malsanan, malfortan, kun animo disŝirita pro la malamo inter homoj. Li laboris super projekto de alvoko al kongreso homarana.

Nur al tuthomaraj celoj li volis fordoni sian fervoron. Dum la tuta mondo diskoleriĝis en kontraŭaj ŝovinismoj, li restis fidela je sia idealo. Por la Pariza Kongreso li jam rifuzis partopreni je kunveno por fondo de Hebrea Ligo. La 30-an de junio 1914 li skribis al la organizantoj:

"Mi mem bedaŭrinde devas stari flanke de la afero, ĉar laŭ miaj konvinkoj, mi estas 'homarano', kaj mi ne povas ligi min kun la celado kaj idealoj de speciala gento aŭ religio. Mi estas profunde konvinkita, ke ĉiu nacionalismo prezentas por la homaro nur plej grandan malfeliĉon, kaj ke la celado de ĉiuj homoj devus esti: krei harmonian homaron. Estas vero, ke la nacionalismo de gentoj premataj -- kiel natura sindefenda reago -- estas multe pli pardoninda, ol la nacionalismo de gentoj premantaj; sed, se la nacionalismo de fortuloj estas nenobla, la nacionalismo de malfortuloj estas neprudenta; ambaŭ naskas kaj subtenas unu la alian, kaj prezentas eraran rondon de malfeliĉoj, el kiuj la homaro neniam eliros, se ĉiu el ni ne oferos sian grupan memamon kaj ne penos stariĝi sur grundo tute neŭtrala.

"Tio estas la kaŭzo, pro kiu mi, malgraŭ la korŝirantaj suferoj de mia gento, ne volas ligi min kun hebrea nacionalismo, sed mi volas labori nur por interhoma justeco _absoluta_. Mi estas profunde konvinkita, ke per _tio_ mi alportos al mia malfeliĉa gento multe pli da bono, ol per celado nacionalisma."

Eĉ la persekuto kaj teruraj batoj kontraŭ la Hebreoj dum la milito ne ŝanĝis tiun ĉi vidpunkton. Sed kiu aŭdis Zamenhof parolantan pri tiuj suferoj kaj vidis lian korŝiran doloron pro ili, tiu povas kompreni _kiom_ li oferis sur la altaro de l' fideleco al supergenta idealo.

Je Pasko 1915, li publikigis en gazetoj Esperantaj sian "Leteron al diplomatio". Eble ĝi estas lia skribaĵo la plej forta.
Bedaŭrinde ĝi aperis tri aŭ kvar jarojn tro frue antaŭ la tempo de la Pariza Konferenco. Poste neniu havis

la ideon ĝin represi kaj diskonigi. Al estontaj decidantoj pri Eŭropo li sin turnis per profeta voko: "Ĉu vi komencos simple refaradi kaj flikadi la karton de Eŭropo? Ĉu vi simple decidos, ke la terpeco A devas aparteni al la gento X, kaj la terpeco B al la gento Y?"

Laŭ Zamenhof nur unu decido povus savi Eŭropon de kruda sovaĝeco. Ĝi estus oficiala proklamo kaj firmigo de tiu ĉi principo: "_ĉiu lando morale kaj materiale plene egalrajte apartenas al ĉiuj siaj filoj_". Sed por efektivigi tion, estus necese nomi la regnojn per neŭtralaj nomoj geografiaj, anstataŭ per nomo de gento. En regno titolita "Rusujo", la Rusoj sin kredis posedantoj; kaj Letoj, Estoj aŭ Poloj estis premataj. En lando nomata "Polujo" la Poloj sentas sin mastroj, dum Hebreoj,
Rutenoj kaj Litovoj plendas pri humiligo. En antaŭa "Serenisima Respubliko" la diversaj gentoj sin konsideris pli egalaj, jam nur pro la nomo. Same la vortoj "Svisa Konfederacio", "Usono", "Brazilio" rajtigas neniun apartan genton, rigardi la landon kvazaŭ sian kaj la ceterajn loĝantojn kiel fremdulojn toleratajn. Tial Zamenhof insistis pri la graveco de tiu demando, kaj revenis al sia ideo pri neŭtralaj nomoj kun sufikso _-io_.
Konklude li proponis al diplomatoj starigi la sekvantajn leĝojn sub internacia garantio:

"1) Ĉiu regno apartenas morale kaj materiale al ĉiuj siaj naturaj kaj naturigitaj loĝantoj, kian ajn lingvon, religion, aŭ supozatan devenon ili havas; neniu gento en la regno devas havi pli grandajn aŭ pli malgrandajn rajtojn aŭ devojn ol la aliaj gentoj.

2) Ĉiu regnano havas plenan rajton uzi tiun lingvon aŭ dialekton, kiun li volas, kaj konfesi tiun religion, kiun li volas. Nur en la institucioj publikaj, kiuj ne estas destinitaj speciale por unu gento, devas esti uzata tiu lingvo, kiu per komuna interkonsento de la regnanoj estas akceptita kiel lingvo regna. En tiuj politikaj institucioj, kiuj havas karakteron speciale lokan, anstataŭ la regna lingvo povas esti uzata alia lingvo, se ne malpli ol 9/10 de la urbanoj donis por ĝi sian konsenton. Sed la lingvo regna aŭ urba devas esti rigardata, ne kiel humiliga tributo, kiun ŝuldas gentoj mastrataj al gento mastranta, sed nur kiel propravola poroportuneca cedo de la malplimulto al la plimulto.

3) Pro ĉiuj maljustaĵoj, farataj en ia regno, la registaro de tiu regno estas responda antaŭ konstanta Tut-Eŭropa Tribunalo starigita per interkonsento de ĉiuj Eŭropaj regnoj.

4) Ĉiu regno kaj ĉiu provinco devas porti ne la nomon de ia gento, sed nur nomon

neŭtrale-geografian, akceptitan per komuna interkonsento de ĉiuj regnoj."

Iam venos tempo, post longa naŭzo pri militoj, kiam tiuj ĉi principoj estos avide serĉataj kaj studataj, kiel eblaj saviloj el terura stato. Tiam oni miros, ke ili estis jam en 1915 proponitaj de Ludoviko Zamenhof.

Vespere, la 1-an de julio 1915, la ĉielo ruĝe fajris ĉirkaŭ Varsovio. Forirante, la Rusoj ĉie brulis la rikolton. Oraj kampoj de tritiko nun senlime flamis en la nokto. Frumatene, germana regimento enmarŝis regulpaŝe. Post pli ol unu jaro, pola ekregistaro stariĝis apud prusa generalo. Ankaŭ tiam la militistoj ne ŝatis la Hebreojn. Maldikaj, malriĉaj, seninfluaj je kamparo, ili povis servi nek soldate, nek nutrade. Komercistoj nur konkurencis. Bojkotado kaj malamo kreskis inter gentoj.
Mizero, malsato, malvarmo regis en la stratoj. Miloj da infanoj mortis. Longaj sekvantaroj da virinoj atendis sur trotuaro antaŭ supa disdonejo. Mankis pano.

Al Zamenhof aero mankis eĉ pli. Por lin savi, la edzino lin devigis transloki la loĝejon apud Ĝardeno Saksa. Ĉe Krolevska 41, lastfoje mi lin vidis en decembro 1916. Li parolis mallaŭte.
Li spiradis pene. Lia filo Adamo anstataŭis lin kiel okulisto ĉe la strato Dzika. Sed li bedaŭris, ke li

forlasis la tieajn malriĉulojn. Li sin sentis hejme nur inter ili. Lia frato Aleksandro ĵus mortis malproksime. Lia filino Sofio forestis en Ĥarkov, kiel kuracistino. Leteroj jam ne venis pro milito.

Ĉagreno lin premis. Patre li suferis pro la morto de multegaj Esperantistoj. "Kial ili, kaj ne mi?" -- li demandis. Pri juna kaj fervora Bolingbroke Mudie li aludis ofte, vespere ĉe l'kameno. Sur la muroj estis ĉie memoraĵoj de l' kongresoj, Bulonjo, Kembriĝo, ĝojaj tagoj. Ankaŭ tie staris portreto de l' amiko, maljuna kaj fidela, Moscheles.

Ankoraŭ li laboris pri homarana ideo. "Ĝi estas ja la celo de mia tuta vivo", li diris kun fervora brilo en okuloj. "Por ĝi mi fordonus ĉion ofere. Se mi nur estus ne tiel senforta, senpova ĉi tie, fortranĉita el mondo!" Li antaŭvidis morton, kaj li sentis la potencan vokon al tiu tasko. Li deziris almenaŭ starigi l' aferon. Poste troviĝos helpantoj por ĝin vastigi tra la mondo. La suferanta homaro bezonas tiun helpon al unuiĝo.

Jam en aŭtuno 1914, li skribis al D-ro Uhlman en Svislando: "La terura milito, kiu nun faras tian grandan ekstermadon inter la homoj, instigas min, ke mi, malgraŭ la ĝisnuna malbona sukceso, nepre penu aranĝi kongreson de homaranoj". Sed la milito longiĝis. Iom post iom li elpensis novan planon. Li projektis vastan kongreson universalan por neŭtrale-homa religio. Sed antaŭe estus ja necese kunvoki pli malgrandan kunvenon preparan.

Al ĝi oni invitus profesorojn universitatajn inter kaj ekster Esperantistaro.

Li pretigis cirkuleron, anoncante ke la kunveno "okazos en la lastaj tagoj de decembro 1916" en urbo svisa. Sed la milito daŭris. Sur la manuskripto tiu dato kuŝas trastrekita. Li skribis ŝanĝe: "en la unuaj tagoj de aŭgusto 1917". En marto, la milito daŭris ĉiam. Ĉu senfine? Ĉu li vidos iam pacon?

Denova korektaĵo montras krajone, kaj eĉ tragedie, ĉi tiujn vortojn per tremanta mano: "post la fino de la milito".

La milito ne finis, sed lia vivo ja bona kaj pura. Ĉiu spiro fariĝis turmento. Li devis ne kuŝiĝi, nur sidi aŭ stari. La Rusa Revolucio, leviĝinta sen mortigoj, donis al li novan esperon. Li amis la popolojn de l' vasta imperio. Ĉu ili scios daŭre liberiĝi interfrate kaj sensange, kiel komencite?

Printempo venis. Li pensadis multe, kaj skribadis urĝe. Nova homaro devas organiziĝi.... Sed kiom laciga nedormado! Kiom turmenta la deviga sidado! Kiom dolora la batado de l' koro!

Ho, mia kor', ne batu maltrankvile,

El mia brusto nun ne saltu for!
Jam teni min ne povas mi facile,
    Ho, mia kor'!

Ripozi, dormi eĉ kelkajn minutojn! Unu tagon la kuracisto lin permesis momenton. Estis la 14-a de aprilo 1917. Li etendiĝis sur kanapo. Al pordo la edzino akompanis la doktoron. Dume li sentis sin pli bone. Fine iom da ripozo, tiom sopirita! ...
Sed jam li eksufokiĝis. Li volis voki. La voĉo haltis en lia gorĝo. Jen alkuris la edzino. Ŝi helpis lin residi. Ve! jam ĉesis bati tiu koro, batinta tiel forte por homaro. Jam venis la ripozo liberiga.

Ho, mia kor'! Post longa laborado
Ĉu mi ne venkos en decida hor'?
Sufiĉe! Trankviliĝu de l' batado,
    Ho, mia kor'!

En tago pluva, malhela, malvarma, la varsoviaj Esperantistoj akompanis la ĉerkon al tombejo. Malĝoje kantis poeto Belmont:

Ne venis Polujo kadavron honori
De filo pollanda, de monda saĝul' ...
Ho kiel sangiĝis en mi pola kor' ...
Malriĉaj Hebreoj nur venis post ĉerko
Ĉar mortis bonkora helpant' okulisto.

Al tiu vasta rondo familia, kies delegitoj ĉiujare lin aklamis en kongresoj, la landlimoj restis fermitaj. Nur kelkaj Poloj, Grabowski, Belmont, germana ŝipestro Neubart, povis diri adiaŭon en la nomo de tiu ĉiulanda popolo, kiu lin amis kaj priploris en la tuta mondo. De registaro, neniu. Honorigo, nenia.

Nur la amaso popola, la humila klientaro de l' hebrea kvartalo, en siaj laborvestoj. Multaj junuloj dankemaj. Multaj geviroj kortuŝitaj.

Kiel enterigo de Tolstoj inter ĉirkaŭaj vilaĝanoj, ĝi estis la plej alta, la plej taŭga simbolo. Efektive nur mortis la homo, la viro 57-jara, la malriĉa okulisto. Sed la granda verko restis. Ankaŭ la inspiro el animo pura. Ne povas tio morti.

Malaperos la registoj, malaperos la malgrandaj granduloj, kiuj lin ignoris. Sed eterne vivos kaj diskreskos ĉie lia semo pensa.

Jam dekmiloj da homoj sanktigis lian nomon. Iam tuta homaro rekonos lin gvidanto al frata repaciĝo.

Sur lia skribotablo kuŝis lasta manskribaĵo krajona, nefinita.

Ĝi estis plano de artikolo pri senmorteco de l' animo. Kion kredis mem tiu granda amiko de l' homaro, kiu donis tutan vivon al pensoj unuigaj? Kia do estis la fundo de lia kredo? Kiel li supozis pri aferoj transmortaj kaj nekontroleblaj? Pri sia persono li estis ĉiam silentema. Liaj proksimuloj eĉ ne povus respondi. Ili vidis nur kiamaniere li vivis: bonkore, pure, modeste, helpeme, ofere, mirinde pacience kun ĉiuj, neniam ofende per ago aŭ parolo kontraŭ iu ajn, ĉiam simpatie aŭskulteme al ceteraj homoj, eĉ al tedaj. Al ĉiuj, edzino, fratoj, gefiloj, nevinoj, amikoj, klientoj, li aperis kiel homo sankta. En turmentaj horoj ĉiu venis al li por konsilo. "Li neniam pekis", diris malnova servantino pola, montrante lian portreton sub ŝia krucifikso. Kiom da famuloj restis grandaj en okuloj de l' servantoj?

Sur papero kvarpaĝa li ekskribis la intiman konfeson. Morto lin interrompis. Sur tri paĝoj kuŝas antaŭklarigo. Li petis senkulpigon, ke li verkas pri tiu temo, estante ne specialisto.
Eble oni diros, kiel pri ceteraj, ke nur maljune li ekpensis pri ekkredo. Antaŭproteste li notis:

"Ĉio, kion mi nun skribas, naskiĝis en mia kapo ne nun, sed antaŭ kvardek jaroj, kiam mi havis la aĝon de 16-18 jaroj; malgraŭ ke mi de tiu tempo multe meditis kaj legis diversajn sciencajn kaj filozofiajn verkojn, miaj tiamaj pensoj pri Dio kaj pri senmorteco preskaŭ tute ne ŝanĝiĝis."

Tamen li antaŭvidis, ke tiu ĉi artikolo al multaj tre malplaĉos:

"Dum en la mondo scienca mi perdos ĉian estimon, mi samtempe en la mondo de kredantoj trovos nenian kompensan simpation, verŝajne nur atakon, ĉar _mia_ kredo estas tute alispeca ol _ilia_ kredo.... Estos pli prudente se mi silentus, sed mi ne povas."

La kvara paĝo nur estis komencita. La skribado estas preskaŭ nelegebla:

"Mia patrino estis religia kredantino, mia patro ateisto. En mia infaneco mi kredis je Dio, kaj je senmorteco de l' animo, en tiu formo, en kiu instruas mia denaskiĝa religio. Mi ne memoras tute precize, en kiu jaro de mia vivo mi perdis la religian kredon; sed mi memoras, ke la plej altan gradon de mia nekredado mi atingis ĉirkaŭ la aĝo de 15-16 jaroj. Tio estis ankaŭ la plej turmenta tempo de mia vivo. La tuta vivo perdis en miaj okuloj ĉian sencon kaj valoron. Kun malestimo mi rigardis min mem kaj la aliajn homojn, vidante en mi kaj en ili nur sensencan pecon da viando, kiu kreiĝis, oni ne scias pro kio kaj oni ne scias por kio, kiu travivas en la eterneco malpli ol plej malgrandan sekundeton, baldaŭ forputros por ĉiam, kaj dum ĉiuj venontaj senfinaj milionoj kaj miliardoj da jaroj ĝi jam neniam plu reaperos. Por kio mi vivas, por kio mi lernas, por kio mi laboras, por kio mi amas? Ĉar estas ja tiel sensenca, senvalora, tiel ridinda ..."

Tie haltas la konfeso. Sur blanka fino de la paĝo nur kuŝis noto pri la sekvo projektita. Post la naŭzo pri vivo kaj pri morto, deksepjare li eksentis ion novan:

"Mi eksentis, ke eble morto ne estas malapero ...; ke ekzistas iaj leĝoj en la naturo ...; ke io min gardas al alta celo ..."

Tiuj estas lastaj vortoj de l' skribaĵo. Mortante, Zamenhof forportis la sekreton sian. Ni nur scias, ke junule li ektrovis propran kredon, ke li akiris senŝancelan fidon je unu forto komuna por amo kaj inspiro al konsciencoj, ke li tiel havis "Dion en la koro", ke li komprenis la daŭrecon de l'spirita laborado trans la morto, kaj rigardis la diversajn homajn religiojn kvazaŭ malsamajn vestojn de unu sama vero.

Jam antaŭ Abdul-Baha, la fama persa profeto, kiu lin admiris, li respondis al kongreso de Kristanaj gejunuloj salutinta lin:

"Mi estas nur hebrea homarano liberkreda; sed ... kio pli bela en la mondo ol _plena_ sekvado al instruo de Jezuo?"

Tamen, kio pli malfacila pro kulturo egoista, ŝovinista, mongajnema?

Zamenhof tre klare vidis la materian flankon de la baroj. Tial li proponis rimedojn praktikajn por ebligi amon. Tial li disdonis al la homoj tiun lingvon interligan, la mirindan frukton de genio harmonia. Sur miloj da lipoj li metis ilon fratigan. Al miloj da vivoj li donis ĝojon, sencon, utilon. Ne prediki li volis, sed helpi.[73] En tio li montriĝis siatempa. Granda kuracisto de l'homaro. Li kliniĝis ame super ĝia korpo malsana, venenita. Li komprenis la kaŭzojn. Li vidis kaj respondis la bezonojn. Ne nur parolojn, sed faktojn. Ne nur konsilojn, ankaŭ serumon.

Lia cerbo estis ekvilibra. Nur lia koro batis varme kaj rapide.

Lia menso estis saĝa kaj trankvila. Tiun trankvilecon oni rimarkis ĉiel en lia persono. Simpla, pensema, vera, li abomenis ĉian frazistecon. Kiu, eĉ plej humila Esperantisto, ne parolis kun li ĉe kongreso? Kiu, parolinte kun li, ne lin amis kaj respektis el tutkoro? Eĉ per verko lin koninte, multaj homoj tra la mondo lin rigardis kiel majstron la plej karan. En vilaĝoj de Karpatoj, en urbetoj amerikaj, en urbegoj sub tegmento, lia portreto staris en popolaj hejmoj, amate, homfrate. Sur nigraj kampoj de Eŭropo, en frakaso batala, multaj homoj falvunditaj vidis lian bildon reve.

---

73) Interesa ekzemplo de lia helpemo al homoj estas lia elpensado de tute ellaborita skribmaŝino en 1891-1892.

Nun, tiu skriboĉambro lia, ĉe domo varsovia, estas malplena.

Pie ĝin konservas netuŝitan la nobla vidvino. Kiom vastega la manko. Kiom doloriga.... Tie li sidadis. Tie liaj libroj. Tie la iloj okulistaj. Tie la paĝo nefinita. Silentas la horloĝo.

Iel regas en la ĉambro atmosfero potenca, impresa, eterna.

Altiga pureco. Nedirebla grandeco.... Jes, granda estis tiu homo. Granda publike. Granda private. Kio estis ni, kun niaj malgrandaĵoj, niaj malaltaj disputoj, niaj krimaj malkuraĝoj?

Li tamen amis ĉiujn nin. Li lasis al ni devon: konigi _tutan_lian proponon al homaro. Tie sur la blanka paĝo kuŝas lia plumo. Ĝi batalis por la bono kaj la belo. Sed la tasko estas nefinita. Kiu ĝin daŭrigos? Kiu plenumos lian volon? Jam la morto liberigis lin. Jam ĝi donis flugilojn al lia penso. "Nun de loko flugu ĝi al loko...." Nova mondo devas konstruiĝi.
Morto kaj naskiĝo. Homaro sopiras je rompo de baroj. Ĝi bezonas absoluton. Li alvokas. Ĝi alvokas. El tomboj, el ruinoj, el mizero ĝenerala krias la sama voko, urĝa, korpremanta ...

Aŭdu, aŭdu, kiel ŝire ĝi sonas!

제12장. 임종

그대는 인류를 완미(完美)케 창조하였으나
인류는 싸움으로 갈라져 있다.
민족이 민족을 잔인하게 공격하고
형제가 형제를 이리처럼 공격한다.

스칸디나비아에서 페테르부르크를 거쳐서 짐도, 자리도 없이, 먹을 것도, 시간 가는 것도 다 잊어버린 채 초만원 열차로 바르샤바로 돌아오는 14일 동안의 여로에 자멘호프의 머릿속에는 위의 시구가 한시도 떠나지 않고 울려오고 있었다. 곁에는 항상 명랑하고 지칠 줄 모르는 그의 아내가 걱정스러운 표정으로 앉아 있었다.

병과 슬픔으로 그는 마음이 괴로웠다. 그는 이제 집에 머물러 있었다. 그는 걷거나 숨 쉬는 데도 곤란을 느꼈다. 싸움이 주위에서 격렬해지고 있었다. 대포 소리가 점점 가깝게 들려왔다. 비행선이 시가지에 폭탄을 투하했다. 폭탄 하나가 그가 사는 거리 딕카 가에 떨어졌다. 그러나 그를 두렵게 한 것은 그것이 아니었다. 죽는다는 생각에 그는 이미 익숙해져 있었다. 위험이란 과연 무엇인가? 증오와 국수주의적 광란이 우리에서 풀려나온 맹수처럼 곳곳에 날뛰고 있는 것은 더욱 비통한 일이었다. 어둠과 거짓과 부도덕의 홍수가 갑자기 온 세계에 범람했다. 전쟁은 모든 것에 해독을 끼쳤다. 그러는 중에도 무고한 자들이 고난을 겪다가 한꺼번에 영웅적으로 쓰러졌다.

바르샤바의 생존 조건은 극악해졌다. 러시아 군대가 시내를 가득 채웠다. 코사크 병정들이 거리를 말을 타고 지나갔다. 체르케스인이 약탈 가(歌)의 장단에 맞춰 행진해 갔다. 폴란드인은 몸을 떨었다. 유대인은 더욱 떨었다. 도발이 그들에게로 향해졌다. 유대어는 독일어와 비슷하다. '간첩!' 유대인은 아무 일에도 열의를 나타낼 수 없었다. '매국노!' 유대인 소매상인을 고발하는 익명의 투서가 러시아 통치자에게 수없이 날아들었다. 많은 사람이 총살당했다. 친러 신문들은 자멘호프를 "위험한 국제주의자"라고 공격하기조차 했다. 나는 1915년 봄에 자멘호프를 보았다. 그는 병들어 쇠약해져 있었고 그의 영혼은 인간들의 증오 때문에 갈가리 찢겨있었다. 그는 인류인의 회합을 위한 호소문 초안을 작성하고 있었다.

그는 인류 모두가 지향하는 목적에 자기의 열정을 바치고 싶었다. 세계는 대립하는 국수주의자의 분노로 분열되어 있었으나 그는 자기의 이상에 충실했다. 파리대회 기간 중 그는 유대인 연맹을 결성하려는 어느 모임에 참석하는 것을 거절한 적이 있었다. 그는 1914년 6월 30일 주최자 측에 편지를 썼다.

"제가 이 일에 관계하지 못함을 유감스럽게 생각합니다. 그 이유는 제가 저의 신념상 인류인이기 때문입니다. 따라서 어느 특정한 민족이나 종교의 목적과 이상을 지지할 수가 없습니다. 저는 민족주의가 인류에게 최대의 불행을 가져다줄 뿐이라는 것과 모든 인간의 목적은 화목한 인류를 창조하는 일이라야 한다는 것을 마음속 깊이 확신하고 있습니다. 사실 피압박 민족의 민족주의는 당연한 자기방어 반응으로, 그들을 압제하는 자들의 민족주의보다는 훨씬 더 용서받을 수 있긴 합니다만, 강자의 민족주의가 야비한 것이라면 약자의 민족주의는 경솔한 것입니다. 그 두 가지가 다 서로를 일으키고 지속시키며 불행의 악순환을 유발합니다. 인류는 우리가 우리의 집단적 이기주의를 버리고 완전히 중립적인 기반 위에 서려고 노력할 때까지는 그 불행으로부터 빠져나갈 수 없습니다. 이러한 이유로 저는 우리 민족이 비통한 고난을 겪고 있다 할지라도 유대인의 민족주의와 결속하고 싶지는 않습니다. 오로지 사람 사이의 절대적인 정의를 위하여 일할 것입니다. 저는 이러한 길을 택함으로써 민족주의를 지향하는 것보다 훨씬 많은 이익을 불행한 우리 민족에게 가져올 수 있다고 절실히 믿고 있습니다."

전쟁 동안에 유대인에 대한 박해와 그 끔찍한 타격도 자멘호프의 견해를 바꾸지는 못했다. 그러나 자멘호프가 이러한 고통을 토로하는 것을 듣거나, 그가 가슴이 미어지도록 슬퍼하는 모습을 본 사람은 누구나 그가 초 민족적 이상의 제단 위에 얼마나 큰 희생을 바치고 있었던가를 알 수 있다.

1915년 부활절에 그는 여러 에스페란토 관계잡지에다 '외교관들에게 보내는 편지'를 발표했다. 그것은 아마 그의 가장 강력한 작품일 것이다. 그러나 때가 파리 강화회담 3, 4년 전이었던 만큼 그것은 불행히도 너무 이른 셈이었다. 그 뒤로는 아무도 재판(再版)을 찍을 생각을 하거나 세상에 알릴 생각을 갖지 않았다. 장래 유럽의 운명을 결정할 사람들에 대하여 그는 예언적인 호소를 보냈다. "귀하는 단순히 유럽의 지도를 개조하고 일시 미봉하는 것으로 일을 시작하려는가? 귀하는 그런 A라는 땅이 X민족에게 속하고 B라는 땅이 Y민족에 속한다고 결정하려는가?" 그는 외교관에게 다음과 같은 규칙을 국제적 보장 아래 확립할 것을 주장했다.

① 모든 나라는 도의적, 실질적으로 언어·종교·혈통 여하를 불문하고 그 나라의 모든 본토 출신자와 귀화한 주민에게 속한다. 나라의 어떤 민족도 다른 민족보다 더 크거나 더 적은 권리를 가질 수 없다.

② 모든 국민은 자기가 원하는 언어나 방언을 사용할 수 있고, 자기가 원하는 종교를 믿을 완전한 권리를 가진다. 그러나 특별히 한 민족만을 위한 것이 아닌 공공 기관에서는 국민의 일치된 의견에 따라 그 나라의 국어로 인정된 언어가 사용되어야 한다.

특별히 지방 성격을 띤 정치기관에서는 주민 거의 전부가 찬성할 경우 그 나라의 국어 대신 다른 언어가 사용될 수 있다. 그러나 국어나 지역어는 예속 민족이 지배 민족에게 반드시 나타내야 하는 굴욕이나 종속의 표시로 간주하여서는 아니 되며, 소수자 편의를 위하여

기꺼이 다수자에게 양보한 것으로 간주하여야 한다.

③ 한 나라 안에서 행해지는 모든 부정행위에 대해서는 해당국 정부가 유럽 모든 나라의 협정으로 설립된 상설 범유럽재판소에서 그것을 해명하게 한다.

④ 각 나라와 지방은 민족 명칭을 가져서는 안 되며 모든 나라의 상호 협정으로 수락된 중립적 지리 명칭을 가져야 한다.

기나긴 전쟁의 공포가 사라지고 그 언젠가는 이러한 원칙이 처참한 상황에 대한 가능한 구제책으로써 절실히 연구·검토될 시기가 올 것이다. 사람들은 그제야 그 원칙이 벌써 1915년에 루도비코 자멘호프에 의해 제안된 것임을 알고 놀랄 것이다.

1915년 7월 1일 저녁 바르샤바 주위의 하늘은 붉게 타고 있었다. 러시아인이 퇴각하면서 추수 곡물에 불을 지르고 있었다. 넓고 너른 황금빛 밀밭이 밤새워 불꽃을 일으키며 타들어 갔다. 아침 일찍 독일군 일개 연대가 육중한 보조로 진군해 왔다. 일 년이 더 지난 후에 폴란드 임시정부가 수립되고 프로이센 장군이 통치하게 되었다. 그때도 군인은 유대인을 좋아하지 않았다. 허약하고 가난했을뿐더러 농원에서도 무력했던 유대인은 군인으로서 봉사할 수도 없었고 식량을 제공할 수도 없었다. 그들은 그저 장사꾼으로서 어깨를 겨룰 수 있었을 뿐이었다. 민족 간에 거부와 증오가 비등했다. 빈곤, 기아, 추위가 거리를 휩쓸었다. 수많은 어린애가 죽어갔다. 수프 배급을 타기 위해 거리에서 여자들이 길게 꼬리를 이어 기다리고 있었으나 먹을 것이 모자랐다.

자멘호프에게는 숨 쉴 공기가 더욱 긴요하였다. 그를 구하기 위해 아내는 삭손(Saxon) 공원 근처로 그를 옮겨가게 했다. 1916년 12월 크롤레브스카 가(街) 41번지에서 나는 그를 마지막으로 보았다. 그의 목소리는 힘이 없었고 호흡이 곤란했다. 아들 아담은 그의 뒤를 이어 옛 살던 딕카 가에서 안과의를 하고 있었다. 그러나 자멘호프는 자신이 가난한 사람을 외면한 것을 못내 안타까워하고 있었다. 그들과 함께 있어야만 마음이 편안했다. 그의 동생 알렉산더가 바르샤바에서 멀리 떨어진 곳에서 불과 얼마 전에 죽었다. 딸 소피아는 카르코프에 떨어져 살며 의사 일을 보고 있었으나, 전쟁통에 편지 한 장 오지 않았다. 슬픔이 그를 무겁게 내리눌렀다. 에스페란티스토가 수없이 죽어가자 그는 그들의 아버지처럼 괴로워했다. "왜 그들이 죽고 내가 죽지 않는 거요?" 하고 그는 물었다. 저녁이면 난롯가에서 가끔 그 헌신적인 젊은이 볼링 브로크 무디(Boingbroke Mudie)의 이야기를 하기도 했다. 사방 벽에는 프랑스 불로뉴, 영국 케임브리지 대회 때의, 그 행복한 날들의 기념품이 걸려 있었다. 거기에는 그의 연로하고 충실한 벗 펠릭스 모쉘레스(Felix Moscheles)의 사진도 있었다.

자멘호프는 여전히 인류인 사상을 연구하고 있었다. "이것이 실로 내 생애의 목적이오!" 라고 그는 열정의 눈빛을 번쩍이며 말했다. "이것을 위해서라면 나는 모든 것을 단념할 것이요, 이처럼 약하고 절망적이지만 않다면! 그리고 세상 사람과 연락이 끊기지만 않았다면!" 그는 죽음을 예견하고 있었다. 그러기에 그는 자기 과업에 대한 사명감을 뼛속 깊이 의식하고 있었다. 최소한 그 운동의 출발이라도 보고 싶었다. 그 운동을 세상에 전파할 조력자는 후에 나타날 것이다. 고난 속의 인류를 단합시키기 위해서 그와 같은 도움이 필요하다.

1914년 가을, 자멘호프는 스위스에 있는 울만(Uhlman) 박사에게 편지를 썼다. "지금 인류의 전멸을 초래하고 있는 이 무서운 전쟁을 보고서, 이제까지는 성공하지 못했지만 이번에는 어떻게 해서든지 인류인의 회합을 마련하도록 해야겠다는 생각이 들었습니다." 그러나 전쟁은 오랫동안 계속되었다. 그는 조금씩 새로운 계획을 생각해냈다. 중립적인 인간의 종교를 위한 광범위한 세계대회의 구상이 그것이었다. 그러나 먼저 필요한 일은 대회를 준비하기 위한 소모임을 갖는 일일 것이다. 이 회합에는 에스페란토계 내외의 학자 교수들이 초빙되어야 할 것이다.

자멘호프는 그 모임이 스위스의 한 도시에서 '1916년 12월 말에 열릴 예정'임을 알리는 회람을 마련했다. 그러나 전쟁은 계속되었다. 원고에서 날짜가 지워진다. 대신 그는 '1917년 8월 초'라고 쓴다. 3월이 되어도 전쟁은 여전히 계속되고 있었다. 도대체 언제까지 계속될 것인가? 도대체 끝내 평화를 보지 못하게 될 것인가? 또 한 번 수정해야 했다. 슬프게도 떨리는 연필로 '전쟁이 끝난 뒤'라고 쓴다. 그러나 끝난 것은 전쟁이 아니라 진실로 선하고 순결한 그의 생애였다. 순간순간의 호흡이 고통스러워갔다. 그는 누워있을 수가 없었고 앉거나 서 있을 수밖에 없었다. 무혈 러시아혁명이 그에게 새로운 희망을 가져다주었다. 그는 그 광대한 제국의 민족들을 사랑했다. 그들은 과연 그들의 말대로 혁명을 시작했던 때와 같이 형제처럼 피를 흘리지 않고 자유의 길로 계속 나아갈 수 있을 것인가?

봄이 되었다. 그는 더욱 많이 생각하고 더욱 절실히 썼다. 새로운 인류가 태어나야만 한다. 그러나 불면은 얼마나 고달픈 것이었던가! 억지로 똑바로 앉아 있겠다는 것은 얼마나 고통스러운 일이었던가! 또한, 그의 심장의 박동은 얼마나 고통스러운 것이었던가!

오, 나의 심장이여! 불안하게 뛰지 말아다오
나의 가슴은 터질 것만 같구나.
나는 이제 나 자신을 지탱할 수 없으니
오, 나의 심장이여!

단 몇 분간이라도 쉬고 자야 했을 텐데, 어느 날 의사는 한순간을 방심하고 말았다. 1917년 4월 14일이었다. 그는 소파에 누워있었고 아내는 의사를 문까지 바래다주던 참이었다. 그는 한결 평온함을 느꼈다. 드디어 참으로 오랫동안 기다렸던 그 휴식이! 그러나 숨이 차기 시작했다. 소리를 내고 싶었다. 그러나 소리는 목에서 걸리고 말았다. 아내가 달려와서 그를 일으켜 앉혔다. 아! 아! 인류를 위해서 그렇게 힘있게 뛰던 그의 심장이 이제는 뛰지 않았다. 그를 자유롭게 할 휴식이 찾아왔다.

오, 나의 심장이여! 긴긴 과업이 끝나는 때
그 결정적인 시간에 나에게 승리가 없으라.
아 그만 평온하게 뛰어다오.
오, 나의 심장이여

비가 내려 음울하고 냉습한 어느 날, 바르샤바의 에스페란티스토들은 장지로 향하는 그의 뒤를 따랐다. 시인 벨몬트(Belmont)가 슬프게 읊었다.

폴란드의 아들, 세계의 현자,
폴란드는 그의 유해에 예우를 드리러 오지 않는구나….
오, 폴란드인인 내 마음의 이 애통스러움….
이제 자기네의 선량하고 친절한 안과의사 임종하니
가난한 유대인만이 관을 따르는구나….

해마다 대회 때면 자멘호프를 환호로 맞이하던 선구자들의 가족적인 대모임도 국경으로 폐쇄되어 있었다. 몇 명의 폴란드인과 그라보프스키, 벨몬트, 그리고 독일인 선장 노이바르트만이 그를 사랑하고, 그러기에 전 세계에서 울고 있는 모든 나라의 민중을 대신해서 작별을 고할 수 있었다. 정부에서는 아무도 오지 않았다. 훈장이 추서되지도 않았다. 오직 작업복 차림의 한 무리 평민들과 유대인 구역에 사는 초라한 환자들뿐. 그들, 감사의 정을 표시하고픈 많은 젊은이와 슬픔에 넘친 사람들.

톨스토이가 마을 사람 사이에서 묻혔을 때처럼 이것도 가장 고귀하고 가장 어울리는 상징이었다. 죽은 것은 단지 57세의 육신, 그 가난한 안과의사! 그러나 그의 위대한 업적과 그의 순수한 영혼의 감화는 절대 죽지 않았다. 지배자들은 사라질 것이고 그를 무시했던 하찮은 위인도 사라질 것이다. 그러나 그의 사상의 씨앗은 영원히 살아남아 곳곳에서 싹트게 될 것이다.

그의 책상 위에는 연필로 쓴 최후의 미완성 원고가 놓여 있었다. 그것은 영혼의 불멸성을 논하는 글의 초고였다. 통합의 이념에 전 생애를 바친 인류의 이 위대한 벗의 믿음은 과연 어떠한 것이었을까? 그의 신념의 근저는 어떤 성질의 것이었을까? 베일에 싸여 확인되지 않은 피안의 일을 그는 어떤 식으로 생각하고 있었을까? 그는 자기 자신에 대해서는 언제나 말수가 적었다. 그와 가까웠던 사람도 그에 관해 이야기하지 못하리라. 그들도 그의 생활 태도밖에는 아는 게 없었다. 친절하고 순수하고, 겸손하고 잘 돕고, 희생적이고, 무어든 놀랄 만큼 잘 참아내고, 말이나 행위로써 다른 사람을 불쾌하게 하지 않고, 자기에게 나쁜 감정을 가진 사람의 말에도 항상 인정 깊게 귀를 기울이고… 아내, 형제, 자식, 조카, 친구, 환자 등에게 그는 성자같이 보였다. 고난을 겪을 때면 그에게 와서 조언을 구했다. "그분은 한 번도 죄를 짓지 않았지요" 하고 폴란드인 늙은 하녀는 자기의 십자가상 밑에 끼어둔 그의 사진을 가리키며 말했다. 하녀의 눈에도 끝까지 위대하게 비치는 유명한 사람이 몇이나 되는가? 자멘호프는 4페이지 되는 종이에 내심의 고백을 적고 있었다. 그런데 죽음이 그 일을 방해하였다. 설명적인 도입부가 3페이지를 차지하고 있었다. 그는 우선 자기 전문이 아닌 이 문제에 관해 쓰는 것에 용서를 구하고 있다. 아마 사람들은 그가 다른 사람처럼 늙은 나이에야 신앙에 대해 생각하게 된 것이라고 말할지 모른다. 그는 항변하듯 적고 있었다.

"지금 내가 쓰고 있는 것들은 이 순간에 내 머릿속에 떠오른 것이 아니고 40년 전 내가 16에서 18살 무렵 모두 생각한 것이다. 그로부터 나는 깊이 생각해왔고 여러 가지 학술서와 철학서를 읽어 왔지만, 신과 영혼의 불멸성에 대한 내 생각은 그때 이래 거의 아무것도 변한 것이 없다."

그러나 그는 이 글이 많은 사람에게 매우 못마땅하게 여겨지리라는 것을 예견하고 있었다.

"나는 학계로부터 모든 존경심을 잃을지도 모르고 신앙 계에서도 마찬가지로 그에 보상할만한 아무런 동정도 얻지 못할지 모른다. 아니, 오히려 나의 신앙이 그들의 신앙과는 전연 다르다는 이유로 비난받을 것 같다. 침묵을 지키고 있는 편이 더 현명한 일이로되 나는 그럴 수가 없다."

4페이지째에는 서두밖에 없었다. 필체조차 거의 알아보기 힘들다.

"어머니는 신자였고, 아버지는 무신론자였다. 어렸을 때 나는 나의 태생 종교가 가르쳐 준 대로 신과 영혼의 불멸을 믿고 있었다. 내가 내 생애의 어느 해에 종교적 믿음을 상실하였는지 정확히는 기억하지 못하지만 15살인가 16살쯤에 불신의 극점에 이르고 있었다는 것은 똑똑히 기억한다. 그때가 내 생애의 가장 고통스러운 시기였다. 삶 전체가 내 눈에 아무런 의미도, 가치도 없이 보였다. 나는 나 자신과 다른 사람을 경멸했다. 나 자신과 그들에게서 무의미한 육체의 껍데기만 보고서 말이다. 무슨 이유로 무슨 목적으로 창조되었는지도 모르는 그 육신은 사실 영겁의 시간 속에 찰나적 순간도 부지하지 못한 채 영영 소멸하여 버리고 무한 수억 만 년을 지나도 다시는 세상에 나타나지 못하는 것이 아니었던가. 내가 왜 살아야 하고, 왜

배워야 하며, 왜 일하고, 왜 사랑해야 하는가? 이 모든 것이 그처럼 무의미하고 무가치하고 불합리했기 때문에…."

고백은 여기서 그치고 있다. 그 페이지 아랫단에는 계속 쓰려고 했던 내용에 대한 간단한 메모만이 남아 있었다. 이러한 생과 사에 대한 혐오를 거쳐서 17살 때에 그는 새로운 어떤 것을 느끼게 된다.

"나에게는 이렇게 느껴지기 시작하였다. 즉 죽음이 단순한 소멸만은 아니다. 자연에는 어떤 법칙이 존재하고 있다. 높은 이상을 위해 무엇인가 나를 지켜주고 있는 것이 있다."

이것이 그가 쓴 마지막 구절이다. 자멘호프는 죽을 때 자신의 비밀도 함께 가지고 갔다. 우리가 아는 것이라고는 다만, 그가 젊었을 때 독자적인 믿음을 발견했다는 것, 그리고 사상의 한 가지 공통된 근원과 양심의 계시에 대해 굽힐 수 없는 신념을 얻었다는 것, 그래서 '마음속의 신'을 가지게 되었다는 것, 그리고 사후에도 정신적인 위업이 계속되리라는 것을 그가 알고 있었으며, 인간의 여러 종교를 하나의 공통된 진리에 대한 여러 가지 의상이라고 생각했다는 것뿐이다.
그를 존경했던 유명한 페르시아 예언자인 압둘 바하(Abdul Baha)보다 앞서 그는 자기에게 인사를 보내온 젊은 기독교인의 모임에 이렇게 답한 적이 있다.

"저는 자유신앙을 가진 인간(homarano)에 불과합니다. 그러나 예수의 가르침을 완전하게 지키는 것보다 세상에 더 아름다운 일이 있겠습니까?"

그렇지만 우리의 이기적, 배타적, 배금적 문화로써는 그보다 더 어려운 것이 있을까? 자멘호프는 난관의 본질적인 근원을 매우 뚜렷이 알아보고 있었다. 그 때문에 그는 사랑을 가능케 하는 실제적인 방안을 제시해 주었고 그는 사람들에게 조화로운 천재성의 놀라운 결실인, 하나의 결속을 위한 언어를 준 것이다. 그는 사람들에게 입으로 사용할 수 있는 우애로운 협조의 도구를 주었다. 그리고 그들의 생애에 환희와 의미와 편익을 주었다.[74] 그는 설교를 원치 않고 돕기를 원했다. 이것을 보면 그가 당대의 인물이요, 인류의 위대한 의사임을 알 수 있다. 그는 병들고 중독된 육신 위에 인정 깊게 허리를 굽혔다. 그는 원인을 알고 있었고 필요에 응했다. 말로써만이 아니라 행동으로써, 아니 충고 이상의 의약으로써.

그의 두뇌는 평형을 이루고 있었다. 감성이 뜨겁게 빨리 뛰는 속에서도 그의 지성은 현명하고 평정했다. 이러한 인격의 평정은 여러 가지 면에서 드러나 보였다. 순박하고, 사려깊고, 진실하여 모든 미사여구를 싫어했다. 아무리 신분 낮은 에스페란티스토라 할지라도 대회 때 그와 이야기 나누지 못한 사람이 있었던가. 그와 이야기해 본 사람치고 그를 충심으로 경애하지 않은 사람이 있었던가. 저작을 통해서만 그를 아는 세계 전역의 많은 사람도 그를 그들의 경애하는 마이스트로로 생각하고 있다. 카르파티아 산골에서도, 미국 마을에서도, 빌딩이 운집한 도시에서도 그의 초상은 그리운 형제의 그것처럼 서민 대중의 집마다 걸려 있다. 그리고 암운이 깃든 유럽의 전쟁터에서, 백병전에서 상처 입고 쓰러져 죽어가는 수많은 사람의 눈앞에 그의 얼굴은 선히 떠올랐다.

오늘날 바르샤바 본가에 있는 그의 서재는 비어 있다. 그의 고결한 미망인은 경건한 마음으로 서재를 고이 보존하고 있다. 그러나 이 어인 공허함인가? 얼마나 뼈저린 상황인가? 그곳에 그는 앉곤 했었다. 그곳에는 그의 책들이 있고, 그곳에는 그의 안과 진료기구들이

---

74) 그가 1891년에서 1892년에 걸쳐 타이프라이터를 고안해 냈다는 것은 흥미 있는 사실이다.

있다. 그리고 그곳에 미완성의 원고가 있다. 시계는 멈춰있다.

그 방에 들어서면 왠지 힘찬 분위기가 느껴진다. 감명적이고 영원한, 가슴을 짜릿하게 울리는 뭉클한 그 어떤 기분 말이다. 고원한 순수성! 형언할 수 없는 위대성! 그렇다. 그는 위대한 인물이었다. 그런데 하찮은 일에 몰두하고, 천박한 논쟁이나 일삼으며, 끔찍하게도 비겁하기만 한 우리는 무엇인가?

그러나 자멘호프는 우리를 모두 사랑했다. 그는 우리에게 하나의 의무를 남겨 놓았다. 그가 인류에게 제시한 모든 사항을 만방에 알리라는 것이다. 백지 위에는 그의 펜이 놓여 있다. 그 펜은 선과 사랑을 위해서 싸웠다. 그러나 과업은 끝나지 않았다. 누가 그의 뜻을 이어나갈 것인가? 죽음이 그를 해방했고 그의 사상에 날개를 달아주었다. "이제 그 새로운 격정은 방방곡곡 날을 지어다." 새로운 세계가 건설되어야 한다. 죽음과 탄생, 인류는 장벽이 제거되기를 갈망하고 있다. 인류는 절대가 필요하다. 그는 부르고 있다. 인류는 부르고 있다. 무덤에서, 폐허에서, 만재한 비참으로부터 그 똑같은 외침이 들려오고 있다. 절박하게, 가슴을 에는 듯이⋯.

들으라, 들으라, 하늘을 찌르는 그 소리를!

새롭게 쓴 역자 후기

이 책은 영국에서 1967년에 발행한 에드몽 쁘리바 저 『VIVO DE ZAMENHOF』제5판을 우리 말로 옮긴 것이다. **1975년 9월 전남대학교 출판부에서 처음 간행했 때의 '역자 후기'는 다음과 같이 시작한다.**

"한 위대한 인간의 생애는 그가 가졌던 수 없는 회의와 절망에도 갖가지 의미의 완성된 전체로서 추상된다. 그것은 인간의 생애란 곧 신의 은총이기 때문이다. 우리가 위대한 인간의 생애를 기록하고 또 그 기록을 읽는 궁극적 이유는 바로 여기에 있다."

"이제까지가 독자와 역자가 보아온 바와 같이 자멘호프는 강단적인 언어학자도, 정치로 활약한 사회운동가도, 매우 흔한 단순한 관념적인 이상주의자도 아니었다. 그는 형제적 인류에 의한 정신의 나라를 건설하기 위하여 희망과 노력으로 고뇌와 생활을 극복한 천재적 정신의 소유자였다. 그는 사랑으로써 온 인류의 마음속에 잠자고 있는 정신을 일깨우고 그들이 일어설 수 있는 길을 제시한 노작의 창조자였다. 그는 이해와 관용의 인물이었다. 자멘호프가 우리에게 보여준 이해와 관용의 태도는 결코 지친 관념 또는 우유부단이 아니라, '인간적인 모든 것에 친근감을 느끼는' 인간적 성숙의 최상 표현이었다. 그것은 모든 것을 이해하지만 모든 것을 시인이나 승인하려는 것은 아니다. 그는 한 마디로 위대한 인간이었다. 강인한 의지와 부단한 노력, 싸움을 싫어하는 겸허한 인품, 그것은 인류의 진보를 위하여 진실로 필요한 용사의 조건이다."

거창하고 치기어린 후기는 이어진다.

"침울한 어두운 그림자에 싸였던 19세기 말의 황혼 속에서 자멘호프가 발하는 사랑의 빛은 인류에게 위안을 주는 별이었고, 그 시선은 인류의 넋을 이끌어 주고 가라앉혀 주었다."

"그가 치켜든 '**우애와 정의**'의 횃불은 진정한 자유와 평화에 이르는 참다운 길을 밝게 비춰 주고 있다. 인류인주의로 불리는 그의 사상은 물론 순수한 인도주의다. 그것은 그의 생애가 보여 주는 바와 같이 민족적인 차별을 반대하는 평등의 정신과 우애로운 인류 생활을 그리는 박애의 정신, 또 특권과 권위를 부정하는 평민다운 정신과 인류의 공존공영을 희망하는 평화 정신, 그리고 부당한 힘에 짓눌린 인류의 불행을 구제하려는 정의의 정신을 내포하는 것"이다.

"자멘호프는 여러 민족 간의 우애와 정의를 이룩하기 위한 수단으로 에스페란토가 사용되기를 희망했다. 여기서 우리는 에스페란토의 목적을 바르게 알아 둘 필요가 있다. 그것은 결코 모든 민족어를 말살하려는 세계어가 아니다. 그것은 어디까지나 각 민족의 언어적 독립과 자주성을 인정하고 인류의 제2 언어로 실용화됨을 목적으로 하는 국제어다."

이 책을 번역하게 된 까닭은 한국 사회에 자멘호프의 희생적 생애와 숭고한 사상을 바르게 알리고 싶었기 때문이었다. 이 책을 통하여 자멘호프를 이해하고, 에스페란토 운동을 잘 알 수 있게 되었다는 독자들의 소식을 접하면서도 증쇄를 결단하지 못한 역자의 무심한 우유부단을 터치하여 진달래출판사 사장 오태영 작가는 에·한 대역판을 내 주었다. 초판, 재판, 에·한 대역판에 협조해주신 모든 분에게 고마움을 전한다. 특히 원번역의 한문투 표현 등 많은 곳을 현대 감각에 맞추어 손질해 준 열정과 성실의 에스페란티스토 오태영 작가에게 심심한 사의를 표한다.

2022년 7월에 정종휴 올림.

감수자의 한 마디

1980년대 에스페란토를 학습한 이후 자멘호프의 삶에 대해 알고자 이 책을 구해 다 읽었습니다. 나아가 자멘호프의 저술을 전부 모은 『Originala verkaro』를 2년에 걸쳐 다 독파했습니다. 그렇게 평생회원이 되고 평화와 내적 사상, 인류인주의, 1민족2언어의 이상을 위해 마음을 쏟았지만 신앙생활과 직장생활에 몰두하다보니 늘 운동의 언저리에서 구경꾼만 된 것이 못내 아쉽습니다.

2019년 명예퇴직을 한 후 즐겁게 읽은 율리안 모데스트의 소설을 번역하면서 세월을 보내던 중 출판사를 차렸습니다.

장정렬 선생님이 그동안 번역했지만 출판하지 못한 책들을 펴내면서 저도 수많은 명저를 번역·출판했습니다.

『에스페란토의 아버지 자멘호프』 책을 출판하면서, 더 가까이에서 살펴보고 쓴 이 책을 흥미있게 읽은 기억이 나서 우리나라에서 번역되었는지를 수소문했습니다.

겨우 연락이 되었고 정종휴 선생님이 문고판 『자멘호프의 생애』를 보내주셨습니다. 허락을 받고 한문투를 현대식으로 교정·교열·감수하고 특별히 에·한 대역으로 하여 학습에 도움이 되도록 출판을 마음먹었습니다.

인공국제어 에스페란토를 만들어, 이를 보급하는 것을 평생 사업으로 펼친 자멘호프 박사의 삶은 누구에게나 많은 모범이 되리라 감수자는 생각해 봅니다.

2022년 7월

오태영(Mateno, 진달래출판사 대표)